101
영재 감성 코칭

101 Success Secrets for Gifted Kids
by Christine Fonseca

영재라서 겪는 갈등과 문제 해결을 위한

101 영재 감성 코칭

크리스틴 폰세카 지음 | 강영란 · 조정수 옮김

KM 경문사

옮긴이의 글

영재교육진흥법이 제정되고 공포된 지 어느새 16년째 접어듭니다. 그리고 저의 영재교육 경력도 꼭 그만큼 되어갑니다. 돌이켜보니 처음 영재교육이 시작될 때 우리들의 고민은 '어떻게 영재학생들을 선발할까?'라는 문제와 '시도 교육청의 영재교육원 및 학교의 영재학급에 사용될 영재 프로그램을 어떻게 개발할까?'라는 문제였습니다. 그 당시에는 아직 영재교육을 위해 제대로 준비가 된 것이 없었기 때문이지요. 하지만 십여 년의 시간이 흐르면서 영재교육은 변화 속에서 체계를 갖추게 되었습니다. 관찰추천제라는 영재 선발 방법, 영재 영역의 다양화, 새로운 영재 프로그램의 개발, 영재교육 기회 확대 등 이제 교육 현장에서 영재교육은 학교 안의 또 다른 학급으로 운영되고 있지요.

이제 우리의 고민은 영재교육의 외형적인 체계에서 벗어나 영재 학생들의 생활에 맞추는 데 있습니다. 오랜 기간 동안 영재교육 강사로 지내면서 다양한 영재 학생을 만날 수 있었습니다. 지적 능력은 뛰어나지만 다른 친구들과 잘 어울리지 못하는 영재 학생, 창의적인 생각은 잘 하지만 연산에서 실수가 잦은 영재 학생, 영재 학생이기 때문에 학급 내에서 무엇이든 완벽하게 해야 한다는 부담을 갖는 영재 학생, 영재교육원 또는 영재 학급에 소속되어 있지만 자신의 의지로 수업을 듣는 것은 아니라는 영재 학생 등 겉으로 보이는 영재 학생으로 지지받고 주목받는 모습과 달리 정서적으로 어려움을 호소하는 영재 학생들이 있었습니다.

영재 학생들이 학급 내에서 친구나 담임선생님과 생길 수 있는 의견 충돌,

가정 내에서 형제자매나 부모님과의 갈등, 개인 내적 문제 등을 해결할 수 있도록 도움을 줄 수 있는 자료가 필요했습니다. 그래서 이 책을 번역하게 되었습니다. 이 책은 영재 학생들이 학급, 가정, 개인 내적으로 겪는 갈등이나 문제를 101가지 주제로 선정하여 영재 학생들이 스스로 문제를 해결할 수 있도록 해결 방안을 제시하고 있습니다. 영재 교육을 담당하는 교사, 영재 학생을 둔 학부모, 그리고 영재 학생들에게 이 책은 영재 학생을 다시 생각해볼 수 있도록 도움을 줄 것입니다. 이 책을 번역하기 시작할 때 제 딸이 영재 학급에서 영재 교육을 받게 되었습니다. 번역된 내용 중 일부는 딸에게 읽어보도록 했습니다. 조금은 자유로워질 수 있기를 바라면서, 한편으로는 조금은 성장되기를 바라면서…….

매년 찬바람이 불기 시작한 11월이면 영재 교육원이나 영재 학급 담당 교사는 일 년 중 제일 바쁩니다. 마찬가지로 영재 교육원에 응시할 학생과 그 부모님들도 영재 선발을 위한 준비에 바쁜 시간을 보내리라 생각합니다. 이 책의 내용처럼 우리의 영재교육이 하나의 절차가 아닌 영재 자녀나 학생의 생활을 돕고 그들의 마음을 이해하는 것이 우선시되고 중심이 되는 그런 교육이 되기를 바랍니다. 이 책이 그런 바람을 실천하는데 작은 힘이 되었으면 합니다.

강영란 · 조정수

책을 펴내며

책을 집필하는 것은 여행과 같습니다. 이 책은 여러 사람들과 함께 작업을 했습니다. 어느날 크리스타 괴링과의 전화 통화를 하면서 이 책의 아이디어를 얻었습니다. 그녀는 어린이들에게 도움이 되는 책이 있었으면 좋겠다고 이야기를 했습니다. 몇 달 후 이 책이 완성되었습니다. 편집장인 레이시 컴톤은 내가 가진 처음 생각에 더 많은 것을 보탰습니다. 출판사는 이 책에 담고 싶었던 것보다 더 많은 것을 담아서 내가 꿈꾸던 것에 날개를 달아주었습니다.

책을 함께 쓴 엘레나 존슨, 미셸 맥린, 대니엘 리프티, 줄리 부처 페디니치, 알리 크로스는 책을 쓰는 긴 여행에서 좋은 친구가 되어주었습니다. 그들은 내가 지치고 힘들 때 도움을 주고, 생각의 실타래가 풀리지 않을 때 새로운 생각을 불어넣어 주었습니다.

책을 읽게 될 부모님과 영재 학생은 이 책을 통해 저와 함께 여행을 하게 됩니다. 앙투아네트 듀바, 체리 루이스는 이 책의 형식적인 측면과 영재 학생과 부모님의 인용문을 발췌하는데 도움을 주었습니다. 이 책은 캘리포

* GATE(Gifted and Talented Education): 캘리포니아 교육부는 태어나면서부터 천재성을 갖고 있거나 일반 학생들보다 학습능력이 특별히 뛰어난 학생들을 위해 GATE 영재 프로그램을 각 교육구별로 운영하고 있다. 각 교육구에서는 GATE 프로그램을 통해 학습능력이 뛰어난 학생들이 좀 더 쉽게 학교생활에 적응할 수 있도록 교육하고 있다. 대부분 GATE 프로그램은 초등학교 과정에서 한두 차례 평가 절차를 통해 대상 학생을 선발하며, 이외에도 캘리포니아주 학력평가시험 결과나 담당 교사의 추천을 통해서도 이 프로그램에 참여할 수 있다.(옮긴이 주)

니아 테미큘라 교육구의 GATE* 프로그램과 50개 주의 수백 명의 영재 학생과 영재 자녀를 둔 수십 명의 부모들의 진솔한 이야기를 담고 있습니다. 나는 진심으로 그들에게 고마움을 느낍니다. 그들의 이야기와 충고가 영감의 근원이 되도록 이 책의 구석구석에서 생생한 이야기를 들려줍니다.

마지막으로 이 책을 쓰는 동안 많은 희생을 감수한 가족에게 감사의 말을 전합니다. 다음 책을 쓰기 전까지 남는 시간에는 그동안 못했던 집안일을 하려고 합니다.

사랑하는 아이들 파비나와 에리카에게. 엄마가 쓴 책을 함께 읽어주어서 고마워. 책 쓰는 동안에는 함께할 시간도 없었는데 지금부터는 재미난 게임도 같이 하면서 시간을 보내도록 하자. 그리고 얼마나 내가 사랑하고 있는지 기억해주렴.

글을 시작하며

누가 읽어야 할까요

영재라는 것은 똑똑하다는 것 이상을 의미합니다. 영재 학생들 대부분은 영재의 의미를 학교 수업이 지루할지라도 학교에서 모범생이어야 하고 부모님이나 선생님보다도 더 빨리 문제를 해결할 수 있어야 하는 학생으로 생각합니다. 그러나 영재가 되는 것은 스트레스를 많이 받을 수 있다는 것을 의미하기도 합니다. 친구, 학교, 부모님의 기대 그리고 아무에게도 이해받지 못하는 자신의 감정은 차라리 영재가 아니었으면 좋겠다는 생각을 하게 만들기도 합니다.

이것이 이 책을 집필하게 된 이유입니다. 《101 영재 감성 코칭》은 학생들이 영재라는 기회를 최대한 활용하고 이해하기 위한 조언으로 가득합니다. 이 책에는 여러분과 같은 어린이들을 위해 학교에서, 친구관계에서, 그리고 가정에서 성공적으로 생활할 수 있는 충고와 아이디어가 담겨 있습니다.

이 책은 영재의 의미, 영재의 특징, 뛰어난 학습자인 영재의 감정적인 측면으로 이야기를 시작합니다.

다음으로 여러분 대부분이 시간을 보내는 학교, 친구, 가정으로 영역을 나누어 이런 특정 장소에서 일어나는 영재 관련 문제를 논의하려고 합니다.

어떻게 읽어야 할까요

이 책은 여러분이 필요할 때마다 참고할 수 있도록 구성되어 있습니다. 여러분과 관련 있는 부분부터 읽으세요. 학교와 학교 과제에서 어려움을 겪나요? 그렇다면 이와 관련된 부분을 먼저 읽으세요. 여러분의 부모님과 형제자매와 갈등을 겪고 있나요? 다른 영재들은 어떻게 대처했는지 확인해보세요. 친구 사이에 문제가 있나요? 친구 관계에 대한 이야기가 실린 부분을 찾으세요. 이 책의 장점은 여러분이 필요할 때마다 펼쳐볼 수 있다는 것입니다. 여러분이 성장하면서 이런 문제에 대한 이해의 폭은 달라질 수 있습니다.

《101 영재 감성 코칭》은 영재 자녀를 둔 부모님을 위한 책이기도 합니다. 부모님은 여러분이 무엇을 하고 있는지 관심을 가지기도 하지만 가끔씩 여러분이 어리다는 것을 잊기도 합니다. 이 책은 영재인 자녀들의 주변에서 일어날 수 있는 모든 일에 대한 부모님들의 어린 시절의 기억을 이끌어낼 것입니다. 부모님과 함께 이 책을 읽는 것을 두려워하지 마세요!

마지막으로 만약 여러분과 같은 상황에 처한 친구들에게 도움을 주고 싶다면 christine@christinefonseca.com으로 이메일을 보내주세요. 저는 항상 여러분 같은 영재 학생들을 도울 수 있는 많은 방법과 조언을 찾기 위해 노력하고 있습니다. 이 책의 후속 이야기에서 여러분 자신의 경험을 다른 사람들과 함께 나눌 수 있기를 바랍니다.

부모님께 드리는 글

영재라는 이름으로 성장한다는 것은 어려운 일입니다. 우수한 머리, 뛰어난 직관력을 가진 것은 정말 축복받는 일이지만 영재 학생들은 혼란스러운 감정, 혼자라는 외로움을 느낄 수 있으며 감정의 기복이 심할 수도 있습니다. 이러한 이유로 이 책을 집필했습니다. 많은 영재 학생들로부터 받은 조언과 성공적인 비밀 이야기를 엮은 이 책은 영재 학생을 위한 빛이 되어줄 것입니다. 많은 영재 학생들로부터 들은 이야기를 실제적인 충고로 제안함으로써 이 책은 영재라는 위험한 물살을 항해할 수 있도록 학생과 부모님 모두에게 지침이 될 수 있을 것입니다.

여러분의 영재 자녀에게 일이 생겼을 때 이 책을 사용하세요. 또는 부모님께서 먼저 읽고 자녀에게 이야기를 해주세요. 어느 방식이든 영재 자녀와 이 책의 조언과 좋은 정보에 대해 함께 대화를 나누세요. 이 책의 아이디어를 영재 자녀와의 대화 문을 여는 계기로 사용하세요. 이 책의 내용 중 특히 도움이 되는 부분이 있다면 christine@christinefonseca.com으로 알려주시면 고맙겠습니다.

여러분의 자녀가 영재로서의 삶을 수용하고 큰 어려움 없이 영재로서 학교 생활을 하는데 필요한 코칭 지도서로 이 책이 큰 도움이 되기를 바랍니다.

차례

III부 친구와 함께 · 124

IV부 가족 속에서 · 186

I부 영재란?

영재로 살아가는 삶을 이해하는 것은 먼저 영재가 무엇을 의미하는지 아는 것으로 시작합니다.

1부에서는 영재의 속성, 영재에게 발생할 수 있는 문제, 영재 학생들 대부분이 공유하는

혼란스러운 감정 등 영재에 관해 알아야 할 것을 이야기합니다.

먼저 영재에 대한 사전 지식을 알아보기 위한 질문으로 시작합니다.

이 책을 읽기 전에 다섯 개의 참/거짓 질문에 대해 답을 해보세요.

이 책을 읽은 후에 다시 이 질문들에 대해 답하세요.

읽기 전과 읽은 후 답에 어떤 변화가 있나요?

영재에 관해 얼마나 알고 있나요?

각 질문의 답에 v표를 하세요.

1 영재는 좋은 성적을 얻어야 한다.

☐ 참 ☐ 거짓

2 학교 활동에서 실수가 많은 편이라면 영재일 리가 없다.

☐ 참 ☐ 거짓

3 한 영역에만 아주 민감하다는 것은 영재의 특성이 아니다.

☐ 참 ☐ 거짓

4 영재는 새로운 것을 항상 쉽게 배운다.

☐ 참 ☐ 거짓

5 영재성은 내가 인식하는 것이 아니라 학습되는 것이다.

☐ 참 ☐ 거짓

1 나는 영재인가?

영재란 무엇을 의미하는가?

여러분은 학교에서 영재에 관한 특별한 시험을 쳤고, 부모님과 선생님은 소정의 양식에 내용을 기록하였으며, 그래서 지금 여러분은 영재라고 불릴 겁니다. 도대체 이것은 무엇을 의미하나요? 지금 여러분들은 특별한 활동을 하고 있나요? 사람들이 매 순간 여러분에게 특별한 것을 기대하고 있나요? 여러분은 특별한 현장학습을 가나요? 여러분에게 끝도 없이 이러한 질문들을 물을 거예요.

도대체 영재가 무엇인가요?

> 영재라는 것은 평범한 친구들과 다르게 세상을 볼 수 있다는 것을 의미해요. 어떤 사람들은 그래서 내가 결코 열심히 공부할 필요가 없다고 생각하는데 그렇지는 않아요. 난 정말 열심히, 최선을 다해 공부하거든요. 그리고 열심히 공부했는데도 결과가 좋지 않을 때는 나 자신에 대해 실망스럽고 싫어요. – 올리비아, 11세

사실, 영재라는 것의 의미가 무엇인지에 대한 정확한 답은 없습니다. 미국영재학회(NAGC, National Association of Gifted Children)는 영재에 대한 정의를 제시함으로써 이러한 문제 해결의 실마리를 제공하려고 노력하고 있습니다. NAGC(2010)는 영재는 학습에 대한 높은 잠재 능력을 보이는 사람이거나 표현 영역의 하나 또는 다수 영역에서 특출한 수행을

보이는 사람이라고 믿고 있어요. 그렇죠. 저도 알고 있어요. 그러나 이러한 정의가 분명치 않을 때가 있어요. 그렇지 않나요?

연구자들은 영재를 정의할 때 똑똑하거나, 뛰어난 추론 능력, 생생한 상상력과 같은 특별한 특징에 대해 이야기를 합니다. 논리, 완벽함, 높은 인지 등 이러한 특징 역시 영재의 정의에서 빠지지 않지요(Silverman, 1989).

그러나 이러한 특징들이 어떻게 여러분에게 영향을 주는지 또는 영재의 의미가 무엇인지에 대해서는 이야기를 못하고 있지요.

1 영재성은 선택하는 것이 아니라 타고나는 것이다.

> GATE* 영재 프로그램을 하고 있다고 해서 평범한 사람과 다르다는 것을 의미하지 않아요. 단지 다르게 생각할 뿐이죠. – 히로, 13세

눈동자 색깔이나 키처럼 영재성은 선택할 수 있는 것이 아닙니다. 영재성은 타고나는 것입니다. 학교에서 또는 인생에서 성공은 영재성과 전혀 상관이 없어요.

영재성은 태어날 때부터 다른 방식으로 세상을 바라보는 관점을 가지게 된 것을 의미합니다. 바로 이러한 특징을 잘 살펴보면 여러분을 이해하기 위한 열쇠를 찾을 수 있습니다. 여러분은 영재가 되기 위해서가 아니라 다른 방식으로 생각하려고 노력하는 사람이지요. 여러분은 학교에서 실수할 수도 있고, 친구들과 어울리기 위해 다른 학생들처럼 노력도 합니다. 이러한 노력에도 불구하고 다른 친구들과 달리 여러분은 여전히 영재입니다. 영재성은 여러분이 변화시킬 수 있는 것이 아닙니다.

* GATE에 대해서는 6쪽 참조(옮긴이 주).

2 영재라고 해서 항상 좋은 성적을 받는 것은 아니다.

학생, 학부모 그리고 선생님조차 영재는 항상 좋은 성적을 거두어야 한다고 믿습니다(Webb, Gore, Amend, & DeVries, 2007). 이 믿음은 전혀 진실이 아닙니다. 사실 많은 영재 학생들이 학교에서 열심히 노력을 하고 있어요. 사람들은 열심히 노력하는 영재 학생들을 이상하게 생각하겠지만 열심히 노력한다고 해서 그들이 영재가 아니라는 뜻은 아닙니다. 다음 장에서 이것에 관해 이야기를 할게요.

따라서 만약 특별한 과목이나 일반 교과조차 열심히 노력하지 않으면 안 될 정도라고 해서 여러분이 영재성이 없다는 것을 의미하는 것이 아님을 기억하세요. 영재뿐만 아니라 모든 사람들이 순간순간 열심히 노력을 한답니다.

> 수업 시간에 손을 들지 않았는데도 선생님이 발표를 하라고 내 이름을 부르는 것이 싫어요. 선생님은 내가 영재 학생이니까 모든 답을 알고 있을 거라고 생각하는 것 같아요. 그런데 그렇지 않을 때도 있어요. - 케이틀린, 11세

3 영재라고 해서 모든 것에 완벽한 것은 아니다.

> 영재라는 타이틀로 스트레스 받지 않는 게 좋아요. 영재가 되면 모든 과목에서 최고 점수를 받고, 모든 것에 완벽해야 한다고 생각했고, 그렇게 되기 위해 노력했어요. 그러나 내가 잘못 생각한 거였어요. — 케이티, 12세

영재라면 모든 것을 알아야 한다고 생각하지 않나요? 앞서 말한 영재의 정의를 보더라도 무엇을 얼마나 많이 잘 아는 것과 영재는 아무런 연관이 없습니다. 영재성은 여러분이 가진 배움의 잠재능력을 말하는 것으로, 어떤 식으로 지식을 배우는가에 관한 것입니다. 그래서 영재성이 있다는 것과 완벽하다는 것은 서로 별개입니다. 사실 어떠한 사람도 모든 것에 완벽하지 않아요. 그러니 조금 여유를 가지세요. 영재라고 해서 여러분에게 완벽하기를 기대하는 것은 아니라는 점을 알아야 해요. 선생님이나 부모님들이 여러분에게 무엇을 기대하고 있는지 뒤에서 다룰 것입니다.

4 모든 선생님이 영재를 이해하는 것은 아니다.

선생님이라고 해도 영재의 여러 가지 특성을 모두 이해하는 것은 아닙니다. 다른 사람처럼 선생님도 가끔씩 여러분을 높은 성적을 받는 학생으로 생각하지요. 만약 여러분이 그렇지 못하면 선생님은 여러분이 영재 학생이 아니라고 생각할지도 모릅니다. 앞서 말했듯이 이것은 옳지 않아요. 영재성은 모두 잠재적인 능력과 개인적인 특성에 관한 것입니다. 만약 선생님이 여러분의 특별한 영재성을 이해하기 위해 노력하고 있는 것을 안다면, 지금까지 해온 대로 계속해서 최선을 다하면 됩니다. 부모님이나 선생님과 이야기를 나누도록 해 보세요. 가끔씩 다른 사람들에게 여러분 자신을 설명할 필요가 있습니다.

선생님과 대화하는 법

1. 학교 생활에 관해 이야기를 나누고 싶을 때 선생님에게 같이 이야기 하고 싶다고 부탁하세요.
2. 여러분의 관심을 분명하게 전달하세요.
3. "**네가** 했잖아" 또는 "**넌** 절대 못할 거야"와 같이 비난적인 말을 피하도록 하세요.
4. "**제가** 친구들과는 다른 단어들을 사용해도 괜찮은지 알고 싶어요." 또는 "**제가** 가끔 도전적인 과제를 더 잘해요"와 같이 "**나**" 중심의 문장을 사용하세요.
5. 만약 선생님과 대화가 힘들다면 부모님께 도움을 요청하세요.

5 모든 친구들이 영재를 이해하는 것은 아니다.

> 있는 그대로의 모습이 되세요. 사람들이 여러분에게 스트레스를 받는다면 그것은 그들의 몫입니다. 여러분의 원래 모습 그대로를 거짓 없이 나타내는 것이 중요해요. – 자레드, 12세

선생님들이 영재성을 잘 이해하지 못하는 것처럼 여러분의 친구들도 마찬가지입니다. 이것은 영재가 아닌 여러분의 친구들에 해당하는 것입니다. 그들은 왜 여러분이 좋은 성적을 받기 위해 노력하는지, 왜 매사 민감해 보이는지에 대해 이해하지 못할 수도 있습니다. 또 그들은 여러분의 타고난 사고 능력을 부러워할 수도 있습니다. 어떤 친구는 여러분을 조롱할 수도 있습니다.

이런 친구들에게 화를 내지 않도록 하세요. 왜 성적을 고민하지 않는지, 세상 일에 어떻게 저렇게 무관심할 수 있는지 여러분이 친구들을 이해 못하는 것처럼 그들도 여러분을 이해하지 못하는 것은 마찬가지입니다. 여러분은 친구들과는 달리 다른 것에 관심이 있고 또 그들과는 다른 관점으로 세상을 봅니다. 이것이 친구들이 여러분을 '이해하지' 못한다고 느끼는 이유입니다.

지켜야 할 것: 여러분의 관점에서 친구들을 이해하려고 하지 마세요. 친구들과 여러분의 차이를 알고 서로 어울리는 법을 배우세요. 그리고 다양한 관점이 있다는 것을 이해하는 것이 중요합니다.

6 가진 영재성을 친절하게 베풀어라.

가끔씩 영재로 구별되는 것에 대해 당황하는 학생들이 있어요. 그리고 다른 사람들이 자신을 다르게 대하는 것에 대해 심각하게 걱정하죠. 반면 영재라는 타이틀을 가지는 것에 대해 좋아하는 학생도 있어요. 그런 학생들은 교실에서 가장 똑똑하다고 뽐내기도 하고, 교실에서 혼자만 모든 것을 다 아는듯 자만심을 가지기도 해요.

모든 학생들, 심지어 영재조차도 배워야 할 내용이 있습니다. 더 중요한 것은 영재라는 타이틀이 심술궂게 행동하는 것에 대한 변명이 되질 않아요. 도움은 다른 누군가에게 크고 작은 영향력을 줍니다. 따라서 여러분의 영재성을 다른 친구를 돕거나 여러분 스스로를 위해 친절하게 사용하세요. 영재라는 것은 특별합니다. 그래서 다른 누군가를 비난하거나 상처를 주는데 이 특별함을 사용해서는 안 됩니다.

> 똑똑하다고 자랑하거나 자만하지 마세요. 왜냐하면 다른 영재들과 여러분이 차이가 있는 것은 아니니까요. 그리고 주변에는 영재들이 많이 있어요. – 마야, 12세

7 영재성을 부끄럽게 생각하지 마라.

영재로 구별되는 것은 좋은 일도 나쁜 일도 아닙니다. 영재라는 타이틀이 여러분을 매일 무언가를 할 때 영재성을 증명해야 하는 사람으로 정의하는 것은 아닙니다. 여러분의 영재적인 특성을 포용하고 어려움에 처했을 때 그것을 다루는 방법을 배우는 것이 핵심입니다. 극단적인 감정, 친구 문제, 여러분들과 여러분 주변의 사람들이 갖는 기대에 대처하는 일 등이 여기에 해당합니다.

다음 장에서 우리는 영재의 특수한 면과 그 결과 발생할 수 있는 공통된 문제점에 대해 알아볼 것입니다.

여러분의 잠재력을 키우는 법

1 여러분 자신의 장점이나 단점에 대해 많은 것을 알려고 노력하세요.
2 할 수 없을 것 같은 일이나 다른 분야의 책을 읽는 등과 같이 새로운 것을 시도하세요.
3 날마다 새로운 것에 도전해 보세요.
4 날마다 새로운 것을 배우세요.
5 “이것은 못 하겠어”라고 말하기보다는 어떻게 그것을 할 수 있을지에 대해 고민하도록 하세요.

8 재미있게 즐기세요.

> 여러분이 여전히 어리다는 것을 명심하세요. 그러니 즐기세요. – 카나, 10세

좋건 싫건 간에 영재는 여러분이 변화시킬 수 있는 어떤 것도 아닙니다. 그냥 담담하게 받아들여야 합니다. 그리고 여러분을 만드는 것은 바로 여러분 자신입니다. 여러분에게 영재가 무엇을 의미하는지 알아야 해요. 영재라는 훌륭한 잠재능력을 가지고 살아가는 법에 대해 배워야 합니다. 그러나 가장 중요한 것은 여러분은 여전히 어린 학생이므로 매일매일 즐겨야 한다는 것을 기억하세요.

부모님들의 생각

다음은 영재에 대한 부모님들의 생각입니다. 다음 글을 읽으면 부모님들의 생각을 이해하는데 도움이 될 것입니다.

- "예를 들어 영재는 자연스럽게 스케치를 해내는 화가처럼 어떤 특별한 능력으로 구별될 수 있는 것이지요." – 데비
- "영재는 다른 학생들과는 다른 방식으로 배워야 함을 의미합니다. 이것은 그들이 학교 수업을 지루해하여 주의가 산만해

지기도 하며 친구들을 사귀기 위해 노력하는 모습을 보인다는 것입니다." – 줄리

- "영재는 단지 어린 나이에 특수한 교육을 받는 그 이상은 아니라고 생각해요. 대부분의 사례에서 그렇게 보이지요."– 린다
- "영재는 다른 학생들보다 빨리 학습을 배운다는 것을 의미하지 않고, 배움의 단계에서 심화한다는 것을 뜻합니다." – 앤디

그렇습니다. 부모님들도 여러분이 그런 것처럼 영재의 의미에 대해 혼란스러워합니다. 그러나 혼란스럽거나 그렇지 않거나 영재는 학교에서 좋은 성적을 받는 학생, 그 이상으로 이해를 해야 한다는 것입니다.

영재에 대한 정의는 규정하기 힘듭니다. 영재인 여러분에 대해 잘못된 정보뿐만 아니라 심지어 미신까지도 있습니다. 여러분은 영재의 특징에 관해 가능한 한 많은 것을 알아야 합니다. 그리고 이 특징들을 여러분에게 도움이 되도록 활용할 줄 알아야 합니다. 교육을 통해 여러분에게 필요한 것을 찾아내고 가족과 친구들에게 도움을 구하는 방법을 아는 것은 여러분의 현재와 미래에 중요한 삶의 기술입니다.

여러분은 어떻게 생각하나요?

이제 여러분의 차례입니다. 잠시 동안 다음 질문을 여러분 스스로에게 던져보세요. 영재라는 타이틀에 관해 여러분이 느끼는 좋은 감정과 나쁜 감정은 무엇인지 생각해보세요.

▶ 여러분이 생각하는 영재의 의미는 무엇인가요?

▶ 영재로서 가장 좋은 점과 가장 나쁜 점은 무엇인가요?

▶ 여러분보다 어린 영재 학생에게 들려주고 싶은 이야기가 있나요?
있다면 어떤 이야기인가요?

2 좋은 것, 싫은 것 그리고 스트레스를 주는 것

이제 여러분은 영재가 단지 똑똑함을 의미하는 것이 아니라는 것을 알았어요. 영재성은 타고나는 것입니다. 영재성은 여러분이 어떻게 세상을 바라보고 소통하는가에 영향을 줍니다. 이 장에서 소개하는 성공의 비밀은 영재의 특징에 관한 것이고, 여러분에게 영향을 줄 수 있는 이러한 특징에 대해 알아보려고 합니다. 따라서 이 장의 내용은 여러분에게 좋게 또는 나쁘지 않게 영향을 줄 수 있는 특징에 대해 더 자세히 배울 수 있는 기회가 될 것입니다.

> 영재에 대해 정말로 알고 싶어요. 무슨 말인가 하면, 학교 활동이 더 즐거울 수 있고, 친구들과 더 잘 어울릴 수 있는 그런 좋은 것을 알고 싶어요. 그러나 여전히 긴장을 풀어야 한다고 나 스스로에게 주문을 걸죠. 하지만 이렇게 하는 것이 항상 어려워요. — 니라, 12세

9 여러분의 영재성에 관해 모든 것을 배워라.

여러분을 특별하게 만드는 영재성의 대부분은 여러분이 세상에 관해 생각하는 방식과 관련된 것입니다. 문제를 창의적으로 해결하기와 어려운 개념을 빨리 이해하기는 매일 여러분이 일상적으로 하는 활동의 전부일 것입니다. 영재인 여러분의 생각하는 방식에서 몇 가지 다른 특징에는 높은 호기심(영재 학생들이 일상생활과 동떨어진 문제를 해결하는 것을 즐겨하는 이유), 상상력, 배우고자 하는 강한 욕구(비록 학교에서 지루한 내용을 배울지라도)가 있습니다. 영재성은 여러분의 생각하는 방식으로만 그치는 것이 아니라 행동하고, 활동하는 방법까지 포함합니다. 영재 학생은 과제가 논리적일 때 잘 해결하지만 혼란스러울 때는 회피하기도 합니다. 일상생활의 복잡한 문제를 좋아하지만 어른들이 그 문제를 대단하게 여기는 것은 싫어합니다. 또, 영재 학생들은 해결에 있어 항상 완벽해야 한다는 생각을 가지고 있기 때문에 실패의 두려움을 느끼는 과제에 대해서는 시도를 하지 않으려고 합니다.

> 영재라는 사실이 여러분의 참모습을 변화시키지는 않아요. 여러분의 참모습에 대해 지금까지 알고 있는 것을 변화시킬 뿐입니다.
>
> – 베카, 14세

10 뇌는 거짓말을 할 수 있다.

완벽하려는 생각이 종종 틀릴 수도 있습니다. 가끔씩 뇌는 사실이 아닌 것을 사실처럼 믿도록 거짓말을 합니다. 영재 학생은 빨리 생각하며, 여러 아이디어들을 너무 빨리 연결해서 사고를 하기 때문에 이러한 일이 발생합니다. 예를 들어, 영재 학생은 모든 것을 잘하는 학생이라는 생각과 능숙하지 못하면 영재가 아니라는 두 가지 생각을 연관 짓습니다. 이렇게 하고서는 모든 것에 완벽하려고 많은 스트레스를 받으면서 조금이라도 완벽하지 못하면 자신이 영재가 아니라고 생각합니다.

그렇다면 영재 학생은 어떻게 해야 할까요? 생각하고 판단하는 속도를 늦추고 무엇이 옳고 정확한지를 분별하는 법을 배워야 합니다. 뇌가 거짓말을 할 때와 그렇지 않을 때의 차이를 아는 것은 영재성으로 인해 자연스럽게 생기는 스트레스를 제어하기 위한 중요한 방법이 됩니다.

여러분의 뇌가 정확한지 그렇지 않은지에 대해 판단하기 쉬운 전략으로 '증명하기'라는 방법이 있어요. 이 방법을 이용해서 여러분이 믿고 있는 것이 사실인지에 대한 증거를 찾아야 합니다. 예를 들어, 여러분의 뇌는 "나는 수학이 끔찍해. 난 절대 못 배울 것 같아. 나는 똑똑하지 않나 봐."라고 한다고 가정해 봅시다. 증명법을 사용하여 여러분이 정말 수학을 싫어하는 증거를 찾아봅니다. 수학을 싫어하는 것이 영리하지 않은 것을 의미하는지도 따져 보아야 합니다. 선생님께 자문도 구하고, 수학시험 점수와 여러 학기나 학년 동안의 수학 성적을 확인하세요.

수학이 전혀 끔찍하게 느껴지지 않는다면 그것보다 더 좋은 것은 없습니다. 어쩌면 어떤 특정 개념들을 이해하는 데 어려움이 있을 가능성이 더 많습니다. 만약 수학이 제일 잘하는 과목이 아니라도 이것이 여러분이 영리하지 않다는 것을 의미하지는 않습니다. 만약 다른 과목의 성적이 좋거나 다른 영역에 많은 재능이 있다면 수학을 못하는 것이 바보를 의미하지 않는다는 증거가 됩니다. 이 증거는 다른 과목보다 수학에 더 열심히 노력을 기울여야 한다는 의미일 뿐입니다.

증명기술 사용법

1 뇌가 여러분에게 전달하는 메시지는 무엇입니까? 구체적으로 적어 보세요.
2 그 메시지가 옳다는 것을 어떻게 압니까? 어떤 증거가 그것이 옳다는 것을 말해주나요?
3 만약 그 메시지가 참이라는 것을 알았다면 그것에 대해 어떻게 할 생각인가요?
4 만약 그 메시지가 거짓이라는 것을 알았다면 정확한 메시지는 무엇인가요?
5 여러분의 머리가 거짓 메시지를 보내는 것을 중단하도록 하려면 어떻게 해야 할까요?

11 영재와 열정은 친밀하다.

> 4~5학년쯤 되면 감정의 홍수에 빠지게 되지요. 그런데 그게 정상이에요. 여러분이 감정을 조절하는 법을 빨리 배울수록 모든 것이 쉽게 다가오지요. – 피오나, 12세

이미 말했듯이 영재라는 의미는 사고, 행동 그리고 감정을 모두 포함합니다. 게다가 세상과 상호 작용하는 방법까지 포함되어 있어요. 그래서 영재 학생들은 모든 것에 긴장을 합니다. 이것은 여러분이 다른 친구보다 더 깊이 사고하고, 더 집중해서 활동을 하며, 사물에 대해 깊이 있게 느낀다는 것을 의미합니다. 여러분이 행복하다고 느끼는 것은 아주 행복한 감정을 의미하고, 슬프다는 것은 아주 슬프다는 것을 의미합니다. 즉, 영재 학생들에게 중간이란 없습니다(Sward, 2006a).

여러분이 느끼는 이러한 감정의 변화는 롤러코스트를 타고 있는 것처럼 느껴지겠지만 이것이 모두 나쁜 것만은 아닙니다.

12 기대로부터 벗어나라.

여러분의 삶에서 느끼는 긴장감은 모두 학교, 친구, 가족으로부터 나오는 것입니다. 게다가 여러분 스스로가 여러분에게 기대하는 것도 있어요. 그러나 여러분은 그 심리적 어려움에서 벗어날 수 있습니다.

영재 학생들은 대부분의 활동 시간에 스스로에게 높은 기대를 하고 있습니다. 항상 잘해야 한다고 믿지요. 그러나 비현실적인 높은 기대는 여러분들의 삶을 더 힘들게 만듭니다.

학교를 예로 들어보겠습니다. 학교는 영재 학생에게 더할 나위 없이 좋은 장소입니다. 배우는 데 열중을 할 수 있는 공간이지요. 학교는 영재 학생이 있는 그대로의 모습으로 무언가를 성취할 수 있는 장소입니다.

그러나 모든 영재 학생에게 항상 그렇지는 않습니다. 지적인 호기심을 충족시키기에 학교는 지루한 일상의 반복일 수 있습니다. 지루해지면 완벽해야 할 일에 부주의하게 되어 실수를 하게 됩니다. 그러면 학교와 공부로부터 점점 멀어지는 경우도 생깁니다. 게다가 학교에 갈 생각만 하면 두통, 소화불량과 같은 신체적인 이상증후가 발생하기도 합니다. 이것은 영재에게 거는 기대와 모두 관련이 있

> 영재는 선생님, 부모님, 친구들과 같이 모든 사람들의 기대에 부응해야 한다는 것이 문제예요. 게다가 나 스스로에게까지 말이죠.
>
> – 메리, 11세

습니다.

다음 장에서 학교와 공부에 관한 부정적인 생각을 바꿀 수 있는 전략을 자세하게 다룰 것입니다. 이 시점에서 중요한 것은 비현실적인 기대로부터 벗어날 수 있는 방법을 배우는 것입니다.

13 정말로 조절해야 할 사람은 바로 여러분 자신이다.

친구를 사귀고 가족들과 어울리는 데 긴장감은 여러분에게 영향을 끼칠 것입니다. 영재 학생 대부분은 친구를 사귀는 데 어려워해요. 아마도 친구들은 여러분의 나이에 누릴 수 있는 것을 즐기지만 여러분은 관심이 없을 수 있습니다. 문제는 여러분이 이런 친구들과 소통하는 법을 모른다는 것입니다. 친구 관계는 좌절의 큰 원인이 될 수 있습니다.

훌라후프법

1. 땅에 훌라후프가 있다고 상상하세요.
2. 그 중앙에 서세요.
3. 훌라후프 바깥에 있는 모든 것(친구, 가족, 학교 등)은 여러분이 통제할 수 없는 것들입니다.
4. 훌라후프 안에 있는 나 자신(생각, 감정 등)은 여러분이 100% 통제할 수 있습니다.
5. 어떤 것이 여러분을 성가시게 할 때면 이 훌라후프법을 기억해서, 여러분이 통제할 수 있는 문제인지 아닌지 결정하세요. 만약 그 문제가 여러분의 감정이라면 그것을 변화시킬 수 있는 사람은 바로 여러분 자신뿐이라는 사실을 기억하세요.

여러분은 친구들이 여러분을 왜 성가시게 여기고 여러분의 모습이 대장질하는 것처럼 보이는지 이해하지 못할 때가 있습니다. 이러한 것은 여러분을 아주 슬프게 만들지요.

여러분을 대하는 다른 친구들의 방식을 여러분이 통제할 수는 없습니다. 사실 누가 누구를 통제할 수는 없습니다. 통제할 수 있는 유일한 것은 바로 여러분 자신이며, 여러분의 행동과 반응입니다. 이것으로 충분하지는 않지만 지금으로서는 이렇게 하는 것이 최선의 방법입니다. 여러분을 여러분 스스로 제어한다는 것이 쉽지 않다는 것을 기억하세요. 그래서 이 훌라후프법이 필요합니다.

다른 사람이 여러분을 대하는 방식이 마음에 들지 않는다고 그 방식을 바꾸려는 여러분 자신을 발견할 때마다 이 방법을 사용하세요. 정말 바뀌어야 할 사람은 바로 여러분이라는 것을 기억할 수 있도록 도와줄 것입니다.

14 가끔 두려움을 느껴도 괜찮다.

감정은 여러분에게 중요한 것입니다. 앞에서 말한 것처럼 감정은 영재가 가지는 느낌의 일부입니다. 즐거움이나 슬픔과 같은 감정을 느끼는 것은 정상입니다. 이러한 격정적인 감정을 경험하는 것이 문제가 아니라, 그러한 감정을 이해하는 방식에 문제가 있습니다. 따라서 감정에 대해 아는 것이 중요합니다.

이 책에서는 감정의 이해에 대해 더 많이 살펴볼 것입니다. 그때까지는 스트레스와 불안감을 종종 느끼는 것은 그냥 정상적인 일이라고 생각하고 너무 겁먹을 필요까지는 없어요.

누구나 스트레스를 받아요. 그래서 가끔 스트레스를 느끼는 것은 괜찮아요. 중요한 것은 긴장감을 늦추는 법을 배우는 것이 여러분의 삶을 쉽게 만들어주지요. – 에이단, 13세

15 여러분 스스로를 돌보아라.

영재라는 것은 대단한 일인 동시에 어려운 일입니다. 영재성 때문에 힘든 시간을 보내지 않고서도 여러분의 삶을 더 잘 관리할 수 있는 몇 가지 방법이 있어요. 이야기의 핵심은 여러분 스스로를 돌보아야 한다는 것입니다. 배고프거나 스트레스 받거나 피곤할 때라면 어느 누구도 일을 잘 할 수 없습니다. 여러분의 삶에서 여러분 스스로를 최우선으로 생각하는 것이 현재와 미래의 성공에서 중요합니다.

자신을 돌보는 법

1 충분한 휴식 취하기. 어린 학생은 적어도 8시간의 수면이 필요합니다. 수면 시간을 일정하게 하는 것은 숙면을 취하는 데 도움이 될 것입니다.

2 영양가 있는 음식 먹기. 인스턴트 식품은 맛은 좋지만 여러분의 뇌기능과 전반적인 건강을 해칠 수 있습니다. 좋은 음식을 선택하는 방법을 알고 매일 영양가 있는 음식을 섭취하도록 하세요.

3 활동적이기. 운동은 여러분 스스로를 돌볼 수 있는 필수적인 방법입니다. 대부분 학교는 매일 체육을 하지 않습니다. 따라서 매일 활동적인 시간을 보내는 것이 중요해요. 춤추기, 줄넘기, 공 던지기와 같은 이러한 운동은 두뇌활동을 원활하게 하고 건강도 지켜주며 밤에 잠도 잘 들 수 있게 해줍니다. 뿐만 아니라 운동은 스트레스를 줄여주는 가장 좋은 방법입니다.

4 긴장 풀기. 우리 모두는 바쁜 세상에서 살아가고 있어요. 매일 조금씩 긴장 푸는 법을 배운다면 몸과 마음을 활기차게 만들 수 있어요. 심호흡, 요가, 기도 또는 몇 분 동안 가만히 앉아있기를 해보세요.

5 놀기. 여러분은 어린 학생이기 때문에 공부가 전부는 아닙니다. 놀이가 다른 어떤 것 못지않게 중요합니다. 몇 분이라도 놀이 시간을 가져보세요. 친구와 놀 수도 있고, 부모님 또는 애완동물과도 놀 수 있습니다. 하루에 몇 분이라도 공부시간과 놀이시간의 균형이 필요합니다.

16 여러분 자신을 믿어라.

> 시험에서 가끔씩 틀릴 때 내가 정말 영재가 맞나 의심스러워요. 그러나 누구나 가끔씩 실수할 수 있다는 것을 받아들이려고 노력하죠.
>
> – 미아, 9세

영재라는 것은 정말 멋진 일입니다. 하지만 이 영재성으로 인하여 문제가 생길 수도 있습니다. 영재로서 집중력이 좋은 것은 어려운 문제를 쉽게 이해하는데 도움이 되지만 때로는 학교를 지루하게 느끼도록 만들어요.

여러분의 강한 주장은 교실에서 리더로 만들 수 있으며, 친구들에게 모든 것을 아는 듯 잘난 척하는 것으로 보이기도 합니다. 여러분들이 매일 느끼는 감정은 생활에 열정과 공감을 주기도 하지만, 경우에 따라 여러분을 감정적으로 혼란스럽게도 합니다. 이를 해결하는 비결은 여러분이 겪고 있는 문제에 대해 영재의 장점을 발휘하여 조화롭게 살아가는 법을 배우는 것입니다.

이 책의 나머지 부분에서 이것에 관해 더 많은 것을 배울 것입니다. 현재로서는 여러분 자신을 믿고, 영재와 관련된 좋고, 나쁘고, 스트레스를 주는 이런 모든 것들을 받아들이려는 자세가 중요합니다.

부모님들의 생각

부모님들은 영재의 좋은 점과 나쁜 점에 관해 할 이야기가 많을 것입니다. 대다수 부모님들은 영재 아이들에게 친구 사귀기, 감정 조절하기, 학교 수업에서 지루함을 이겨내기와 같은 것들이 얼마나 힘든 일인지 잘 알고 있습니다. 영재에 관한 이러한 부모님들의 이야기를 들어 보세요. 그런 다음 부모님과 함께 여러분의 생각을 나누어 보세요.

- "내 딸이 스스로 똑똑하다고 생각하는 것이 좋아요. 하지만 딸은 어떠한 실수도 용납하지 않으려고 해요. 모든 것에 완벽하려고 하죠. 그래서 자신에 대한 이런 비현실적인 기대는 좀 내려놓았으면 좋겠어요." – 린
- "애가 학교 수업을 지루해하거나 뻔한 내용이라 생각해서 자신의 영재적 잠재력을 발휘하지 못하며 생활하는 것이 안타까워요. 많은 영재 아이들이 이와 같을 것이라 생각해요." – 라자스
- "딸이 최선을 다하고 있다는 것을 알고 있기 때문에 딸이 무엇을 하든 믿어요. 그러나 자신의 실수를 용납하지 않아서 걱정이에요." – 캐롤
- "자녀를 키우는 것은 굉장한 일이면서 힘든 일이기도 하죠. 아이가 스스로 감정 조절을 하도록 도와주거나 시간마다 휴식을 취하도록 어떻게 도와주어야 할지, 이런 것들이 부모로서 어려워요." – 앤디

부모님들은 여러분이 스스로 스트레스를 조절하는 법을 찾으려고 노력한다는 사실을 알고 있습니다. 또한 최선을 다해 힘든 과제를 해낸다는 것

도 잘 알고 있습니다.

마지막으로, 여러분이 생각하고 느끼고 행동하는 이러한 영재의 모든 특징들은 여러분을 놀라운 존재로 만들어주는 것들입니다. 하지만 이러한 특징들은 또한 여러분의 생활을 힘들게 할 수도 있습니다.

● 여러분은 어떻게 생각하나요?

이제, 잠시 멈추어서 이 장에서 다룬 아이디어와 여러분 자신의 생각을돌아볼 시간입니다. 영재인 여러분의 가장 좋은 특징과 여러분을 가장 슬프게 하는 특징이 무엇인지 찾아보세요. 이렇게 하는 것이 좋은 균형을 유지하는 첫 번째 단계입니다.

여러분의 영재성을 증명할 수 있는 방법은 무엇입니까? 이 방법에 대하여 어떻게 생각하고, 행동하며, 느끼나요?

여러분이 가진 영재성 중 가장 문제가 되는 것은 무엇인가요?

균형을 이루기 위해 여러분이 할 수 있는 방법은 무엇인가요?

3 제가 좀 이상하다고요? 단지 영재일 뿐입니다

> 모든 과목에서 A를 받지 못하거나, 친구들에게 감정이 상하거나, 학교 일로 힘들 때면 스트레스를 받아요. 그래도 어쩌겠어요 이게 제 모습인걸요.
>
> – 송, 9세

극심한 감정 기복은 영재의 정상적인 특징입니다. 그렇지만 이런 극단적 감정은 친구, 가족, 선생님에게는 좀처럼 받아들이기 어려운 것입니다. 약간 미친 사람으로 취급받는 느낌을 받는 경우도 많을 수 있어요. 사실, 극심한 감정 기복이 영재라는 것이 무엇인지를 말하는 일부분이기도 합니다.

그렇다면 극심한 감정 기복은 무엇일까요?

이 감정은 아주 행복하거나 아주 슬픈 감정을 의미합니다. 그래서 행복과 슬픔의 감정이 급격하게 변하는 것을 말하지요. 게다가, 이러한 극단적인 감정은 두통, 복통, 심지어 가슴 두근거림과 같은 신체적 반응으로 나타나기도 합니다. 보통 감정 변화뿐만 아니라 이런 신체적 반응이 한꺼번에 나타날 때를 극심한 감정 기복이라고 부릅니다(Sword, 2006a).

이상하게 들릴지도 모르겠지만, 극심한 감정 기복은 나쁜 것이 아닙니다. 여러분의 친구들이 평범하게 세상을 바라보는 것과는 달리 좀 더 대담하고 과격하게 세상을 바라보는 여러분의 영재적 감정 표출의 한 가지 방식일 뿐입니다.

17 심한 감정 기복은 지극히 정상적이고, 당연하다.

앞서 말했듯이 심한 감정 기복은 지극히 정상적이며 자연스러운 현상입니다. 자신의 감정 그대로 반응하는 것이 좋다는 뜻은 아닙니다. 사실, 여러분의 마음과 다르게 종종 행동했을 거라고 봅니다. 좌절했을 때 고함을 지르거나 압박을 느낄 때 우는 것처럼 말입니다. 여러분을 괴롭히는 끊임없는 생각과 자제할 수 없는 감정에 사로잡힐지도 모릅니다. 이러한 방법으로 반응하는 것은 심한 감정 기복을 더욱 악화시키며 더 큰 문제를 낳을 수도 있습니다. 이런 문제를 해결하는 첫 단계는 심한 감정 기복이 문제가 아니라 자연스러운 일임을 받아들이는 것입니다. 전혀 문젯거리가 되지 않는다는 것을 의미합니다.

> 여러분의 감정을 받아들이는 법을 배우세요. 저의 경우 감정을 받아들이기 시작했을 때, 심한 감정 기복이 나아졌어요. – 메디슨, 14세

18 자신의 감정을 스스로 조절하여라.

> 시험이나 프로젝트 등 해야 할 일이 너무 많을 때 느끼게 되는 통제할 수 없는 감정이 싫어요.
> – 찬디, 10세

여러분의 요동치는 감정을 다루는 법을 알기 위해서는 감정이 자신의 통제 밖에서 일어나는 일이 아니라는 사실을 배우는 것에서 시작하세요. 사람들은 왜 자신이 그런 식으로 반응할 수밖에 없는지 알지 못한 채 반응을 합니다. 반응에 이유가 없다는 것을 의미하는 것은 아닙니다. 반응에는 항상 그 나름대로 이유가 있습니다.

앞서 말했던 훌라후프를 기억하나요? 훌라후프 밖에 있는 모든 것은 여러분의 통제 밖의 것이며, 훌라후프 안은 여러분이 다룰 수 있는 것들입니다. 물론, 여러분의 감정은 훌라후프 안에 놓여있습니다. 그러므로 다음번에 여러분이 자신의 감정에 사로잡히거나 조그마한 이유로 부모님에게 소리를 지르게 될 때 외부의 다른 방법이 아닌 여러분 스스로 이를 통제할 수 있다는 사실을 기억하세요.

19 감정을 말로 표현하여라.

스스로 자신의 감정을 조절하려면 먼저 그런 감정을 느끼고 깨달아야 합니다. 감정을 의식하는 가장 좋은 방법은 감정을 나타내는 단어를 만드는 것입니다. 이렇게 하면 여러분이 느끼는 다양한 감정에 이름을 붙여 구체적인 단어로 나타낼 수 있을 뿐만 아니라 부모님이나 친구와 대화할 때 여러분의 힘든 마음을 표현할 수 있습니다. 기억하기 쉬운 단어나 문구를 사용하여 감정을 조절하기 위해 도움이 필요하다는 사실을 가족과 친구들에게 알릴 수 있습니다. 그래서 감정을 조절할 수 없는 순간이 오면 그 감정에 스트레스 받지 않으면서 가족과 친구들에게 알릴 수 있습니다.

예를 들어, 중요한 과제를 선생님께 제출할 날짜가 내일로 임박했습니다. 그런데 여러분이 한 과제가 마음에 들지 않아 처음부터 다시 하기로 결심했다고 합시다. 내일까지 과제를 다시 해야 하는 스트레스는 여러분을 압박해옵니다. 그 결과, 어머니의 간단한 질문에도 큰 소리를 지릅니다. 여러분의 감정을 말로 잘 설명할 수 없을 때 이러한 감정을 전달해주는 감정 단어는 어머니에게 잠시 가만히 있게 해달라는 여러분의 마음을 전해줄 수 있습니다. 또한 여러분이 인식하지 못한 사이에 감정을 나타내는 이러한 단어는 여러분이 힘든 상태라는 사실을 어머니에게 말해줄 수 있습니다.

이러한 단어를 만드는 것은 여러분이 감정을 조절하는 법을 배울 수 있는 좋은 방법입니다. 저를 믿고 한번 따라해 보세요. 가족과 친구들은 여러분이 이 방법을 사용하는 것을 고마워할 것이며, 여러분 스스로도 그럴 것입니다.

감정을 표현하는 단어 사용법

1. "돌다", "폭발하다", "압박하다"와 같이 여러분의 감정을 가장 잘 설명할 수 있는 단어를 선택하세요.
2. 단순하고 기억하기 쉬운 단어로 만드세요.
3. 부모님과 함께 단어를 선택하세요. 여러분 스스로 감정을 조절하기 어렵다고 보일 때면 부모님께 여러분의 그런 상태를 알려달라고 부탁하세요.
4. 그 감정이 어떻게 느껴지는지 단어의 의미를 정하세요. 이렇게 하면 여러분의 특별한 감정을 말할 때 모든 사람들이 공통으로 느낄 수 있어 그 감정의 실체를 쉽게 알 수 있습니다.
5. 일반적인 감정(행복, 슬픔, 좌절, 불안)을 설명할 수 있는 단어를 정의하세요. 그리고 여러분의 감정에 대해 말하는 연습을 하세요.

20 자신의 감정에 솔직하여라.

종종 사람들은 자신의 감정을 스스로에게까지 속이기 때문에 감정을 통제하기란 어렵습니다. 앞에서 여러분의 두뇌가 거짓말을 할 수도 있다고 한 사실을 기억하고 있나요? 때때로 여러분의 두뇌는 자신의 감정 또는 다른 사람의 감정을 속이기도 합니다.

자신의 감정에 대해 솔직하게 말하는 것은 정말 중요합니다. 괜찮지 않으면 절대 "괜찮아."라고 말하지 마세요. 그렇게 하다보면 여러분의 감정으로 인해 생각하지도 못한 문제가 생기게 됩니다. 다양한 상황에서 자신이 느끼는 감정을 진실되게 바라보게 되면, 감정이 통제할 수 없게 되는 순간을 좀 더 쉽게 알 수 있게 될 겁니다.

부모님과 친구들은 여러분이 자신의 감정에 솔직해질 수 있도록 도울 수 있는 가장 좋은 지원자입니다. 특히 여러분이 스트레스로 힘들 때, 여러분의 감정을 이해해 달라고 부탁해보세요. 이는 여러분이 자신의 감정을 잘 알고 조절할 수 있는 가장 좋은 방법입니다.

> 스트레스 받는다는 걸 인정하거나 실수를 인정하기 싫어요. 그러나 이를 인정하는 것이 내 감정을 조절할 수 있는 유일한 방법이에요.
>
> – 알젠드로, 11세

21 감정이 폭발하기 전에 스스로 진정하는 법을 배워라.

여러분은 자신의 감정을 조절하기 위해 노력하지만, 어쩔 수 없는 상황에 부닥칠 수도 있습니다. 감정을 나타내는 단어 사용법도 먹혀들지 않아 폭발하기 직전의 상태가 될 수도 있습니다. 실제로 감정이 폭발하기 전에 진정하는 법을 배우는 것은 그래서 정말 중요합니다.

두뇌는 재미있는 존재입니다. 매우 화가 나거나 아주 슬프거나 혹은 극심하게 좌절한 상태가 되면 이성적인 판단을 하는 두뇌의 일부가 천천히 작동하거나 멈추어 버립니다. 이러한 이유로, 여러분은 적어도 감정이 폭발하는 당시엔 진정해야 한다는 생각을 할 수 없게 됩니다. 그래서 화가 나기 시작할 때를 스스로 깨닫는 법을 배워야 하며, 두뇌가 생각하고 진정할 수 있는 충분한 시간을 주어야 한다는 사실을 알아야 합니다.

이를 해결할 수 있는 첫 단계는 몸과 마음이 스트레스에 어떻게 반응하는지 아는 것입니다. 그러나 폭발하는 감정을 진정시키려면 단순하게 스트레스에 대한 반응을 아는 것 이상으로 더 많은 것들을 알아야 합니다. 그리고 여러분이 정말로 화가 나고 스트레스를 받았을 때, 어떤 행동을 해야 하는지도 알아야 합니다.

대부분의 사람들은 스스로 진정할 수 있는 자신만의 방법을 가지고 있습니다. 심호흡하기, 편안한 장면 생각하기, 휴식 취하기와 같은 방법들은 여러분의 좌절감, 분노, 고통스러운 감정을 누그러뜨려 주며, 감정이 폭발하기 전 두뇌가 생각할 시간을 줍니다. 여기서 기억해야 할 점은 여러분의 두뇌가 생각하는데 필요한 시간을 주어야 한다는 사실입니다.

감정 식히는 법

1. 여러분을 화나게 만드는 것이 무엇인지 알아보세요.
2. 심호흡을 하세요.
3. 10까지 수를 세어보세요.
4. 가능하다면 화가 나는 지금 상황에서 벗어나세요.
5. 감정을 주체하지 못할 정도라면, 여러분의 폭발하는 감정을 달래줄 수 있는 사람을 찾아보세요.

22 항상 숨을 쉬어라.

대부분의 사람들이 감정을 주체할 수 없을 때, 숨을 참고 있다는 사실을 알고 있나요? 숨을 참으면 때때로 두뇌는 올바른 생각을 하지 못한다는 사실을 알고 있나요? 따라서 스스로 감정을 주체할 수 없는 상태에서는 잘못된 결정을 내릴 수도 있다는 사실은 놀라운 일이 아닙니다.

이때 심호흡은 많은 도움이 될 수 있어요.

심호흡은 모든 것을 진정시켜서 여러분의 두뇌가 정확한 판단을 다시 할 수 있도록 도와줍니다. 물론, 어떤 사람에게는 감정을 주체할 수 없는 상황에서 심호흡을 하는 것이 어려울 수도 있습니다. 매우 화가 났을 때, 마음을 진정하려면 어느 정도로 충분한 심호흡을 해야 하는지 아는 것이 쉽지는 않습니다.

이럴 때 '심호흡 색칠법(Breathing Colors)'은 여러분에게 큰 도움을 줍니다. 이 방법은 상상 속에서 스트레스를 보면서 이 스트레스가 날아가는 것을 마치 눈으로 볼 수 있게 하는 시각적인 방법입니다.

안정이 필요할 때마다 이 방법을 사용해보세요. 이 방법의 효과에 아마 놀랄 것입니다.

심호흡 색칠법

1. 심호흡을 몇 차례 하세요.
2. 숨을 들이마시면서, 여러분이 가장 좋아하는 색을 상상해 보세요. 저는 파란색과 분홍색을 떠올릴 것입니다.
3. 숨을 내쉬면서, 황토색을 상상해 보세요. 이것은 여러분의 몸속에 있는 스트레스를 나타내는 색입니다.
4. 여러분이 들이마시는 색이 내쉬는 색과 비슷해질 때까지 천천히 계속해서 숨을 쉬세요.
5. 숨을 쉬는 동안 얼마나 시간이 소요되었는지 기억하세요. 이것은 여러분의 감정에 관해 더 잘 알 수 있게 도와주며, 이러한 감정에 어떻게 반응해야 하는지도 도와줍니다.

23 스트레스에 지배받지 마라.

> 불안감이 나를 지배하지 않는다는 사실을 알면서도 그런 생각을 떨쳐버리기가 쉽지 않아요.
> – 메기, 13세

격한 감정의 또 다른 면은 스트레스라는 한 단어로 요약될 수 있어요. 스트레스는 모든 사람들이 어떠한 시점에서 느끼는 감정입니다. 쉽게 말하자면, 우리가 느끼는 긴장감에 대처하는 물리적, 정신적 방법입니다. 이것은 좋은 것도 나쁜 것도 아닙니다.

여러 가지 감정 중, 스트레스는 여러분이 매일 조절해야 할 것 중의 하나입니다. 학교, 친구 사이의 우정, 가족의 기대, 다양한 활동 등에서 받는 압박감은 여러분의 삶에서 더 많은 긴장감을 일으킬 수 있습니다. 이러한 긴장된 감정을 스트레스라고 하지요. 두통, 복통, 초조함, 불안감 등은 스트레스의 일반적인 증상입니다. 종종 스트레스는 여러분을 압박하며, 스스로 통제할 수 없음을 느끼게 합니다.

이를 해결할 방법이 있습니다. 스트레스는 여러분의 삶에서 나타나는 일반적인 반응일 뿐입니다. 다행히, 스트레스는 훌라후프 안의 모든 것처럼 여러분이 변화시킬 수 있는 것입니다.

말은 쉽지만 실천하기는 어렵다는 사실을 저도 잘 압니다. 앞서 말했듯이 몸을 편안하게 하고, 휴식을 취하고 심호흡을 하는 것은 스트레스를 줄여줄 수 있는 좋은 방법입니다.

중요한 것은 스트레스가 여러분을 지배하도록 해서는 안 된다는 점입니다. 생활하면서 지금까지 스트레스의 지배를 벗어나지 못했다면, 그 방식을 바꿀 필요가 있습니다.

24 성가시게 하는 작은 일들은 그냥 흘려보내라.

> 사소한 일로 자책하지 마세요. 이런 행동은 마음만 상하게 해요. – 줄리안, 13세

스트레스를 내버려 두어라는 것은 성가시게 하는 일들을 그냥 내버려 두어라는 의미입니다. 여러분을 힘들게 하는 대부분 일들이 아주 사소하다는 사실을 알고 있나요? 형제자매가 여러분에게 하는 행동, 선생님이 과제에 관해 말하는 것들, 심지어 친구들이 점심시간에 이야기하는 것들과 같이 아주 사소할지도 모릅니다.

그러나 당시엔 이러한 일들이 아주 중요한 것처럼 보일 수도 있어요. 그래서 이 일들 때문에 기분이 좋을 수도 있고 불쾌할 정도로 스트레스를 받을 수도 있어요. 언젠가부터 여러분은 스스로 통제할 수 없고 어떻게 할 수도 없는 일들 때문에 스트레스를 받는다는 사실을 깨닫기 시작합니다.

이때가 바로 사소한 일들은 내버려 두고 자신이 변화시킬 수 있는 일에만 주의를 기울여야 할 때입니다. 물론, 다른 사람들이 여러분을 불쾌하게 대하는 사소한 일에도 항상 본능적으로 마음에 상처를 받을지도 모릅니다. 힘들게 하는 일들에 대한 생각을 잠시 접어두고 보면, 그 상황 속에서 여러분이 조절할 수 있는 것은 자신의 반응뿐이지요. 그러므로 그런 일에 대해 자신이 어떻게 행동하고 반응하는지를 잘 살펴서 스트레스를 받지 않도록 사소한 일들은 그냥 흘려보내세요. 이렇게 하다보면 몸과 마음을 훨씬 더 균형 잡을 수 있을 것입니다.

25 긴장 완화법을 배워라.

스스로 감정을 조절할 수 있는 가장 좋은 방법은 긴장 푸는 법을 배우는 것입니다. 이는 통제할 수 없는 훌라후프 밖의 것과 안의 것을 충분히 구별할 수 있을 만큼의 안정된 상태를 말합니다. 더 나아가 우리의 몸과 마음의 긴장이 이완되어 편안할 때에만 몸과 마음을 조절할 수 있어요.

긴장 완화법을 배우려면 자신의 몸과 마음이 평온할 때 느끼는 감정 상태와 평온하지 않을 때의 감정 상태를 먼저 알아야 합니다. 다양한 상황에서 자신의 감정이 어떤지 잘 알수록 여러분의 감정을 진정시키기가 쉽습니다.

마음이 평온한 상태인지 알아볼 수 있는 가장 쉬운 방법은 평온하지 않은 상태일 때 자신의 감정과 몸의 반응을 정확히 아는 것입니다. 액션 영화를 보고 여러분의 몸이 어떻게 반응하는지 집중해서 관찰해 보세요. 어깨가 움츠러드나요? 턱은 어떤 반응을 보이나요?

영화를 다 본 후, 여러분의 상태를 신체적으로, 감정적으로 자세히 살펴보세요. 피곤한가요? 몸이 나른해졌나요? 어깨와 턱이 여전히 긴장되어 있나요? 다른 상황에서도 몇 번 더 이런 실험을 해보세요. 이런 과정을 거치면서 감정이 평온한 상태와 평온하지 않은 상태가 어떤 느낌인지 알 수 있을 것입니다.

평온한 감정 상태와 평온하지 않은 감정 상태에 대한 각각의 느낌을 알게 된 다음에는 한 상태에서 다른 상태로 감정을 변화시키는 법을 알아야 합니다. 심호흡 색깔법을 사용하거나 심호흡을 하거나 10까지 수를 세는 것은 항상 여러분의 마음을 진정시키는 방법이지요. 이 책의 처음부터 끝까지, 몸과 마음을 진정시키는데 도움되는 여러 가지 다양한 방법들을 소개하려 합니다.

몸과 마음이 평온하다고 생각이 들면, 이 감정 상태를 확실하게 유지하려고 하는 것이 중요합니다. 스트레스와 불안감은 아주 교활한 감정이라서 언제든지 예기치 않게 다시 찾아옵니다. 아래의 질문은 감정의 평온 상태를 확인할 수 있도록 도와줄 것입니다.

나의 몸과 마음은 평온한가?

각 질문의 답에 동그라미 하세요.

1 몸에 조금이라도 긴장감이 느껴지나요? 특히 등, 어깨, 턱과 같은 부분이 긴장된 상태인가요?

☐ 예 ☐ 아니오

2 호흡은 빠른가요?

☐ 예 ☐ 아니오

3 무엇인가에 지나치게 몰두하고 있음을 느끼나요?

☐ 예 ☐ 아니오

4 자신이 아주 행복하거나 아주 불행하다고 느끼나요?

☐ 예 ☐ 아니오

5 감정이 폭발할 것 같은 느낌이 드나요?

☐ 예 ☐ 아니오

이 질문에서 "예"라는 답이 많다면, 여러분은 안정된 상태가 아님을 의미합니다. 심호흡하며 잠시 휴식을 취하세요. 그런 다음 다시 이 질문을 스스로에게 해보세요.

26 열정을 포용하라.

> 사람들이 어떻게 생각할지 모르지만 저는 꽤 열정적인 사람이죠. 그래서 이런 감정을 어떻게 다루는지도 알아요. – 피터, 12세

감정이나 생각, 행동이 열정적인 것은 나쁜 것이 아닙니다. 사실 이러한 열정이 여러분을 뛰어나게 만든 것입니다. 열정이라는 단어가 너무 거창하다면 열의라고 생각해도 됩니다. 열의가 있어야 예술가는 창조적 작업을 하고, 의사는 병을 고치는 치료법을 찾고, 선생님은 가르치고, 그리고 여러분은 공부를 하게 됩니다. 열의는 매우 좋은 것입니다. 따라서 여러분의 열의나 열정을 모두 포용하세요. 이것은 여러분의 장점 중의 일부입니다.

부모님들의 생각

부모님은 여러분의 감정을 이해합니다. 요동치는 파도와 같은 감정을 다루고 조절하는 것이 여러분에게 얼마나 어려운지 부모님은 잘 알고 있습니다. 부모님이 생각하는 여러분의 감정에 관해 함께 이야기를 나눠 보세요. 부모님의 이야기가 다음과 비슷한가요?

- "우리 애는 일상생활이나 친구, 가족한테 너무 열성적이에요." – 케시
- "이야기를 해보라고 아이에게 재촉하는 것은 더 화가 나게 만들거나 울어버리게 만들죠. 내가 재촉을 하면 아이는 무언가 잘못한 게 있구나라고 생각을 하죠." – 사토
- "자신의 감정을 다룰 수 있도록 도와주는 방법을 아는 것은 참 어려워요. 어떤 날은 감정이 예민하고, 기복이 심해서 인사만 하고 자기 방으로 가버릴 때도 있어요." – 에리카
- "아이가 마음의 문을 닫았을 때가 가장 힘들어요. 내가 도와줄 수 있는 것이 아무것도 없죠. 내 아이가 감정을 다루기 위해 노력하는 모습을 보면서 아이의 자존감이 낮아질까 봐 걱정돼요." – 라라

여러분 자신의 감정을 알아가는 과정에서 부모님이 협력자란 사실을 받아들이는 것은 쉽지 않습니다. 잠시 부모님의 감정에 대해 함께 대화하는 시간을 가지세요. 이런 대화를 통해 여러분의 열정을 다스리는 법을 알게 되고 또한 수용하게도 됩니다.

감정을 다스리는 것은 여러분 자신을 더 깊이 있게 알아가는 과정에서 가장 어려운 일 중의 하나입니다. 그러나 또한 가장 보답이 큰 일이기도 합니다. 용기와 자신감을 가지고 여러분의 감정을 똑바로 쳐다보세요. 그러면 열정을 잘 다스리게 되어 더 크고 많은 일을 할 수 있게 될 것입니다.

여러분은 어떻게 생각하나요?

여러분의 감정에 대해 되돌아보는 시간입니다. 다음 질문에 대해 잠시 생각해 보세요.

- 열정적 감정을 어떻게 표현하나요? 이 열정적 감정이 여러분을 괴롭히진 않나요?

- 마음을 진정시키고 평온을 찾는 자신만의 적합한 방법에는 무엇이 있나요?

- 감정을 조절할 수 있는 자신만의 방법에는 무엇이 있나요?

II부 학교에서

여러분은 일과 중 절반 이상은 학교 또는 학교와 관련된 일들을 하면서 보냅니다.
특히 과제, 시험, 프로젝트와 같은 것들이 학교생활 대부분을 차지합니다.
영재 학생에게 있어 이러한 학교생활은 장단점이 있습니다.
좋은 학습 능력을 가지고 태어난 일부 영재 학생들은 끊임없이 성취하기 위해 최선을 다하며 학교에서 뛰어난 능력을 보일 것입니다. 어떤 영재 학생들은 그럭저럭 학교생활을 해 나갈 것입니다. 그리고 힘겨운 학교생활을 보내는 영재 학생도 있을 것입니다. 여러분이 우수한 영재 학생이든, 힘겨운 생활을 보내고 있는 영재 학생이든 학교에서는 어렵고 쉬운 모든 것들을 경험할 것입니다.
2부에서는 여러분의 학교생활에서 발생하는 전형적인 문제(숙제와 관련된 사소한 일, 완벽주의, 잘 하려는 압박감)에 관하여 다룰 것입니다. 학업과 영재성에 대한 여러분의 생각을 알아보기 위해 몇 가지 질문으로 시작해봅시다.
지금 여러분의 머릿속에 답을 생각해 두고, 이 2부를 다 읽고 난 후 여러분의 마음에 어떤 변화가 있는지 다시 한 번 확인해 보세요.

영재성과 학교

각 질문의 답에 v표를 하세요.

1 영재 학생은 과제를 하는데 오랜 시간이 걸려서는 안 된다.

- ☐ 참
- ☐ 거짓

2 영재 학생에게 실수란 그다지 똑똑하지 않다는 것을 의미한다.

- ☐ 참
- ☐ 거짓

3 영재 학생은 평범한 학생들만큼 열심히 공부할 필요가 없다.

- ☐ 참
- ☐ 거짓

4 학교에서 느끼는 압박감을 이겨낼 방법은 아무것도 없다.

- ☐ 참
- ☐ 거짓

5 선생님들은 내가 영재라서 모든 일을 잘하리라 기대한다.

- ☐ 참
- ☐ 거짓

4 과제를 하는데 왜 오래 걸릴까?

> 사람들은 영재는 힘들 때에도 모든 것을 잘할 수 있을 것이라 생각해요. – 케빈, 13세

대부분의 사람들은 영재 학생들은 학교생활에 별 탈이 없을 것이라 생각합니다. 하지만 이는 사실이 아닙니다. 평범한 학교 일과가 오히려 여러분을 지루하게 만들죠. 반복적인 과제는 종종 고문처럼 느껴지고 간단한 과제를 하는데 오랜 시간이 걸리기도 합니다.

학교에 다니는 모든 학생들이 겪는 가장 큰 문제 중의 하나는 과제인데, 많은 부모님과 그 자녀들이 과제로 인해 어려움을 겪고 있다는 사실입니다. 학교에서 배운 개념은 간단한 데 비해 과제는 여러분의 집안을 전쟁터로 만들기도 합니다. 여러분도 이런 경험이 있을 것입니다.

영재 학생들이 과제와 관련하여 느끼는 일반적인 문제점은 두 가지 경우로 요약될 수 있습니다. 첫째는 이미 숙달해서 잘 알고 있는 내용에 대한 반복, 단순 암기형의 과제이거나, 둘째는 답을 하고도 답이 맞는지도 확실하게 알지 못하는 모호한 개방형 질문들로 가득 찬 과제입니다. 이 두 가지 경우에 대한 결론은 같습니다. 즉 학교에서 배운 개념들을 빠르고 간단하게 복습하도록 만들어진 지겨운 과제는 격한 감정을 생기게 해서 여러분과 부

모님을 불만이나 분노, 좌절을 느끼게 합니다.

이 장에서는 효과적으로 과제를 수행하는 법을 소개하고자 합니다. 이 장을 다 읽게 되면 성가신 잡일거리가 아닌 과제를 하게 되어 친구나 가족과 함께 더 많은 시간을 보낼 수 있는 시간을 가질 수 있을 것입니다.

27 쉬운 문제부터 시작하여라.

> 시간이 오래 걸리는 숙제를 하기 전에 빨리 할 수 있는 것부터 먼저 하는 것을 좋아해요.
>
> – 마카, 9세

숙제를 하려고 앉자마자 뭘 어떻게 시작해야 할지 혼란스럽고 어려움에 처한 적이 있나요? 그 순간, 숙제를 하는 것 자체가 악몽처럼 느껴질 것입니다.

혼란을 주는 숙제로 시간을 허비하고 좌절하기보단 쉬운 문제로 넘어가는 것이 어떨까요? 우선 과제를 전체적으로 훑어보고 빨리 풀 수 있는 쉬운 숙제나 문제를 찾아보세요. 그런 다음, 혼란스럽게 만든 어려운 문제들에 대한 질문을 목록으로 만들어 보세요.

일단 휴식시간을 좀 가지고 나면, 여러분이 생각했던 것보다 더 많은 것을 이해하고 있다는 사실을 발견하게 될 것입니다. 다음번에 숙제로 좌절하게 되었을 때, 이 방법을 사용해 보세요. 숙제를 훨씬 더 빠르게 해낼 수 있을 것이라고 믿습니다.

28 항상 100%의 노력을 해라.

영재 학생들은 자신이 영리해서 대다수의 문제들이 아주 쉽게 느껴지기 때문에 숙제가 쉬울 것이라 생각하지요. 여러분도 물론 그렇게 생각할지도 모릅니다. 사실, 영리함만이 학교에서 성공할 수 있는 비결은 아닙니다. 성공에는 절제력, 자기통제, 헌신이 필요합니다.

이는 숙제를 할 때는 특히 더 그러합니다.

물론, 숙제가 쉽다고 느껴지면 잠시 미루어 두고 쉬고 싶은 것이 당연할 것입니다. 이러다 보면 자신의 능력보다 낮은 수준의 과제를 하는 데 만족해 버릴지도 모릅니다. 결국, 100% 노력하지 않는 것이 습관이 되어 80%도 노력하지 않게 될 수도 있습니다. 그리고 조만간 여러분은 숙제에 완전히 관심을 두지 않게 될지도 모릅니다.

항상 풀 수 있던 문제가 어려워졌을 때, 무슨 일이 일어날까요? 만약 이미 최선을 다하지 않는 것이 습관처럼 되어버렸다면 문제가 어려워졌을 때 곤란을 겪게 됩니다. 인내심을 가지고 과제를 해결하는 습관 없이 어려운 문제에 직면하게 된다면, 최선을 다하지 않는 것에 익숙해져서 풀 수 있었던 문제조차도 포기해버리게 됩니다.

영재라는 것이 열심히 하지 않아도 된다는 것을 의미하는 것은 아닙니다. – 리프, 13세

이는 숙제를 하는 좋은 방법이 아니라고 봅니다.

이 문제를 해결하기 위한 가장 좋은 방법은 여러분의 능력 이하의 성취에 만족하지 않는 것입니다. 모든 과제나 숙제에 100%의 노력을 하세요. 최선을 다하는 습관을 익혔다면, 숙제나 과제가 어려워진다고 해도 끈기와 인내심으로 이를 해결할 수 있을 것입니다.

29 숙제는 달리기 경주가 아니다.

날씨가 화창한 오후에 학교에서 집으로 돌아오고 있습니다. 친구들이 밖에 나가서 같이 놀자고 하네요. 친구들은 여러분만큼 숙제를 성실하게 하지 않습니다. 숙제를 하나도 하지 않은 채 스케이트보드 타기나 최신 비디오 게임을 하며 노는 것으로 오후 시간을 보냅니다.

놀고 난 후 과제를 하겠다고 한 시간만 놀다 오게 해달라고 부모님을 설득합니다. 하지만 부모님은 안 된다고 하시며, "놀러나가기 전에 숙제를 다 하는 것이 원칙이야."라고 합니다. 그래서 여러분은 문제를 보는 즉시 이해가는 것만 하고 친구들을 만나기 위해 서둘러 달려갑니다.

서두르는 동안 확인해야 할 것들을 잊어버립니다. 예를 들어, 선생님이 내일까지 반드시 해오라고 한 것을 포함해서 모든 것을 끝냈는지 확실히 하는 것을 잊어버립니다.

숙제와 학교공부는 달리기 경주가 아닙니다. 살아가면서 경주처럼 할 수 있는 것은 거의 없습니다. 숙제나 과제는 어떤 개념들을 여러분이 숙달했는지를 입증하는데 필요한 연습과 훈련입니다. 또한 숙제는 책임감을 기르는 학습입니다.

> 숙제를 완벽하게 하려고 노력하세요. 그렇지 않으면 다시 해야 하는 경우가 생기게 돼요. 저도 그런 경우가 생겼거든요. – 줄리안, 11세

여러분은 똑똑하기 때문에 스

트레스를 받거나 지겨워하지만 않는다면 다른 사람들에 비해 숙제하는 시간이 훨씬 적게 걸릴 것입니다.

그러므로 다음번엔 숙제를 경주하듯 빨리하지 마세요. 잠시 휴식시간을 가진 후, 숙제가 지겹거나 어려울지라도 스트레스 받지 말고 100%의 노력을 다하세요. 숙제를 한번 할 때 정확하게 하는 것이 오히려 빨리 끝낼 수 있어요.

30 숙제를 할 수 있는 조용한 장소를 찾아라.

숙제를 성공적으로 할 수 있는 방법 중 하나는 조용한 장소를 찾는 것입니다. 식탁이 있는 부엌, 책상이 있는 공부방, 도서관은 적합한 장소입니다. 즉, 숙제하는 데 방해가 되는 요소를 제한해야 합니다. 밝고, 조용하며 편안한 장소를 찾아보세요. 하지만 너무 편안한 의자는 피해야 합니다. 노는 장소가 아니라 학교처럼 공부할 수 있는 장소가 필요하기 때문이죠. 너무 편안한 곳을 택하게 된다면 숙제하기가 싫어질지도 모릅니다.

장소를 찾을 때 고려해야 하는 또 다른 중요한 점은 학용품에 대한 접근 가능성입니다. 종이, 볼펜, 연필, 형광펜과 같이 숙제를 하는 데 필요한 물건을 완벽하게 갖추었나요?

어떤 학생들은 숙제를 하는 적합한 장소의 선택이 제한적일 수 있습니다. 예를 들어, 방과 후에 친구 집에 갔다고 가정해 봅시다. 함께 놀다보면 여러분이 집에 갈 때까지 그 친구는 숙제를 시작하지 못할 수도 있습니다. 혹은 숙제를 하기 위해 부모님의 사무실로 가야 하는 경우도 이와 같은 예가 될 것입니다. 상황이 어찌 되었건 간에 숙제를 할 수 있는 적당한 장소를 찾아야 합니다.

원하는 장소가 정해졌다면 숙제하는 데 꼭 필요한 물건들을 챙겨오고 그곳에서 이 물건들을 사용할 수 있는지를 분명히 해야 합니다. 만약 숙제하는 장소가 여러 곳이라면 필요한 물건을 미리 가방에 담아두어야 편리합니다.

숙제와 관련해서 필요한 사항을 관리하는 것은 여러분의 책임입니다. 따라서 숙제를 효과적으로 할 수 있는 장소를 찾아보세요. 적합한 장소에 관한 다음 질문을 완성하여 보세요. 그런 다음 부모님과 함께 다음의 질문을 확인해보며 숙제하는데 적합한 장소는 어디인지, 적당한 시간대는 언제인지에 관하여 의견을 주고받은 후 합의점을 찾아보세요.

숙제하기에 적합한 장소

1 숙제하기에 적합한 장소를 적어 보세요.

a 첫 번째 장소 : ____________________

b 두 번째 장소 : ____________________

c 세 번째 장소 : ____________________

2 여러분이 1번에서 적은 장소들을 부모님과 함께 확인해보며, 바꾸고 싶은 장소가 있는지 대화를 해보세요.

3 숙제할 때 필요한 물건이 있다면 목록에 적어 보세요.

a 연필과 지우개

b 종이

c ____________________

d ____________________

e ____________________

4 필요한 학용품을 미리 공부할 장소에 놓아두거나 가방에 넣어두세요.

5 이제 숙제 준비 끝!

31 집에 오기 전에 어떤 숙제인지 정확하게 알아야 한다.

이제 여러분은 숙제를 하려고 자리에 앉았습니다. 그런데 선생님께서 말씀하신 숙제나 과제를 정확하게 이해하지 못한 사실을 알게 되었습니다. '감성 코칭 27'에서 말했듯이 쉬운 숙제는 이미 다했고 어려운 숙제만 남은 상태입니다. 그렇다면 무엇을 어떻게 해야 할까요?

부모님에게 물어보거나 친구들에게 전화를 해서 도움을 요청할 수 있습니다. 어느 경우이든 숙제에 관하여 도움을 받을 수 있을 것입니다. 이것보다 더 좋은 방법은 숙제에 관한 의문점들을 학교에서 해결하고 집으로 오는 것입니다.

물론, 이런 습관을 기르는 것이 힘들고 심지어 불편할 수도 있습니다. 이렇게 하려면 친구나 선생님께 질문을 해야 하고, 심지어 영재가 아닌 친구들에게 숙제에 관해 잘 모른다는 사실을 인정해야 할 수도 있기 때문입니다. 이것은 어떤 영재 학생이라도 하고 싶지 않은 일입니다. 그러나 기억하세요. 선생님은 여러분을 도와주려고 있으며, 여러분이 영재라 하더라도 한 번 말한 내용을 전부 이해했으리라 생각하지 않습니다. 여러분을 제외한 누구도 그렇게 생각하지 않습니다. 오히려 영재라도 잘 모른다면 질문하는 것이 당연하다고 생각할 것입니다.

무언가를 정확하게 알지 못할 때 여러분은 어떻게 해결하나요? 말도 안 되는 질문 같다는 생각이 들지만, 제 경험에 따르면, 대부분의 영재 학생들도 집에 가서 숙제를 하기 전까지 자신이 정확하게 무엇을 알지 못한다는 사실을 모르고 있습니다. 다음은 여러분이 숙제를 얼마나 정확하게 알고 있는지 알아보는 데 도움을 주는 질문들입니다.

스스로 점검해야 할 사항들

1 숙제를 달력이나 계획표에 적어놓았나요?

2 숙제하는데 필요한 사항들을 정확하게 알고 있나요?

3 숙제하는데 필요한 정보를 알고 있나요?

4 숙제 마감일을 알고 있나요?

5 숙제에 대해 어떻게 성적이 부여되는지 알고 있나요?

여러분 스스로 점검해볼 수 있는 여러 가지 질문들이 더 있을 수 있는데, 여기 이 질문들로 시작해보세요. 이 질문들에 답을 하다보면 여러분은 집에 오기 전에 완벽하게 숙제 준비를 할 수 있을 것입니다.

32 숙제를 위한 계획을 세워라.

숙제를 어떻게 해야 하는지, 숙제하기에 적합한 장소가 어디인지를 아는 것과 함께 숙제하기 계획을 짜는 것은 저녁시간을 여유롭게 보낼 수 있는 방법입니다. 숙제 계획은 해야 할 일에 대한 또 다른 목록입니다. 숙제를 모두 끝마치는데 필요한 모든 것과 그 순서를 하나씩 목록으로 적습니다. 제출일이 긴 숙제나 조만간 치러야 할 시험이 있다면, 이것도 여러분의 목록에 포함하세요.(마감 전날 밤에 숙제나 공부를 하는 것이 아니라 평소에 미리 해야 합니다.)

일단 무엇을 해야 하는지 알았다면, 완성하는데 걸리는 시간 순서에 따라 그것을 목록에 적으세요. 앞서 말했듯이 빨리 끝낼 수 있는 것부터 시작하세요. 이러한 방법은 즉각적인 성취감을 줄 수 있으며, 계속해서 숙제를 할 수 있는 동기를 줍니다. 숙제를 계획할 때, 어려운 과제와 힘든 과제를 교대로 하는 방법도 고려하세요.

밤에 여러 가지 많은 숙제를 장시간 해야 하는 경우, 휴식시간도 계획에 넣어두는 것이 좋습니다. 마찬가지로, 방과 후에 스포츠나 다른 활동에 참가한다면 전체 숙제 계획을 짤 때 이러한 활동도 일정에 넣으세요.

해야 할 일이 별로 없는 날이 있을 수도 있습니다. 그런 날엔 프로젝트나 시험에 관해 미리 생각하고 계획을 세울 수 있는 때입니다. 매주 현명하게 시간을 활용하다보면 더 이상 숙제가 여러분의 밤을 힘들게 하진 않을 것입니다.

숙제 계획법

1 일정표를 보고 그날 밤에 해야 하는 숙제들을 목록에 적으세요.

2 일반적인 숙제, 시간이 오래 걸리는 숙제, 시험공부 등을 목록에 추가하세요. 다음 장에 나오는 '감성 코칭'은 매주 해야 하는 숙제에 도움이 되는 아이디어를 제공할 것입니다.

3 방과 후 활동이나 휴식시간도 저녁 시간의 스케줄에 넣으세요.

4 전체 목록이 완성되면 우선순위를 정하세요. 해야 할 일을 미루는 경향이 있거나 간단한 숙제를 하는 데도 시간이 오래 걸리는 편이라면 각 숙제에 마감날짜를 적어두세요.

5 숙제나 과제를 끝낸 후에는 그 목록에 동그라미로 끝냈다는 표시를 하세요. 그러면 남은 숙제가 무엇인지 알 수 있을 것입니다.

33 숙제를 미루지 마라.

대부분의 영재 학생들은 숙제를 계획할 때, 프로젝트나 주별 과제와 같이 시간이 오래 걸리는 숙제들을 빠뜨리기 쉽습니다. 지금 당장 해야 하는 숙제가 아니라서 잊어버리기 때문이죠. 게다가 이러한 숙제들을 목록에조차도 잘 적어두지 않습니다.

그렇다면 계획을 세우지 않으면 어떤 문제가 생길까요? 영재가 아닌 학생들에 비해 숙제를 아무리 빨리할 수 있고 머리가 좋아 노력을 적게 해도 된다 할지라도 마감 전날까지 미루게 되면 힘들어집니다.

해결방법은 무엇일까요? 다음날까지 제출해야 할 숙제가 아니더라도 모든 숙제를 계획하세요. 여기에는 프로젝트, 주별 숙제뿐만 아니라 장기간에 걸쳐 해야 할 과제 모두가 포함됩니다. 이를 해결할 수 있는 가장 쉬운 방법은 숙제를 작은 부분들로 나누는 것입니다. 주별 숙제의 경우, 매일 밤 해야 할 쪽수를 정해둔다면 정해진 기간 내에 다 할 수 있을 것입니다. 시험의 경우 무슨 과목을 공부할 것인지, 어떻게 공부할지를 결정해 두세요(노트를 복습할 건가요?, 플래시카드를 사용할 건가요?). 프로젝트의 경우 연구하기, 보고서 작성하기, 프로젝트

> 숙제를 마감 전날까지 남겨두는 것은 여러분을 더 힘들게 할 것입니다. 숙제를 미리 하려고 노력하세요. 그러면 여러분은 마감 전날 밤에 편하게 잠들 수 있을 것입니다.
>
> – 챈들러, 13세

종합하기와 같이 작은 부분들로 나누어 매일 어느 부분을 할 것인지 결정하세요.

물론, 여러분의 숙제를 도와줄 수 있는 선생님과 부모님이 계십니다. 그러나 여러분이 성적을 받는 당사자이므로, 숙제에 대한 책임은 궁극적으로 여러분에게 있습니다. 뿐만 아니라 학년이 올라가게 되면 선생님이나 부모님이 여러분의 과제를 작은 부분들로 나누어주지는 않을 것입니다. 그러므로 빠른 시일 내에 계획표 짜는 법을 배우세요. 빠르면 빠를수록 더 좋습니다.

여러 가지 숙제나 과제를 작은 부분으로 나누고 난 후에는 계획표나 달력에 매일 무엇을 할 것인지 기록하세요. 계획표를 작성할 때 이러한 항목들도 포함해야 합니다.

숙제를 작은 부분으로 나누어 목록으로 만드는 것이 오히려 여러분을 더 바쁘게 만든다는 생각이 들지 모르지만, 감정을 조절하면서 숙제를 할 수 있는 가장 적합한 방법입니다.

34 곤경에 처했을 때, 도와줄 수 있는 사람을 미리 알고 있어라.

숙제를 하기 위해 계획을 세우고, 목록도 만들고 하면서 최선을 다했음에도 불구하고 원하지 않은 결과가 생기기도 합니다. 만들어 두었던 계획표를 잃어버리거나 학교를 결석하거나 다한 숙제를 잊고 가져가지 못한 상황이 여기에 해당됩니다. 이러한 상황은 누구에게나 흔히 일어날 수 있는 일입니다. 중요한 점은 침착하게 다른 방안, 즉 비상 계획을 찾는 것입니다.

여기서 비상 계획이란 곤경에 처한 상황에서 여러분이 할 수 있는 행동을 말합니다. 문제가 생겼더라도 숙제를 끝까지 해야 합니다. 무엇을 어떻게 해야 할지 아무 생각이 나지 않을 때 어떻게 해야 할까요?

이럴 때 바로 친구에게 전화하거나 학교 홈페이지에서 숙제와 관련된 내용을 찾거나 또는 어떤 식으로든지 다른 방법을 찾아야 합니다. 학업에 성공적인 학생이라면 비상 상황이 발생했을 때 그것을 어떻게 헤쳐 나갈지를 아는 학생입니다.

숙제와 관련된 비상 상황이 발생했을 때 해결할 수 있는 방법을 목록으로 만드세요. 학생들이 숙제를 모르고 있을 때 학교에서 알려주는 방법은 무엇일지, 여러분을 도와줄 수 있는 친구는 누구일지 생각해보세요. 가방이나 공부방, 전화기 주변에 이 해결 방안을 인쇄해 놓고 부모님께도 이 목록을 드리세요.

이러한 상황은 흔히 일어날 수 있으므로, 미리 준비해 둔다면 쉽게 해결할 수 있을 것입니다.

숙제 관련 비상상황 대처법

1 숙제가 무엇인지 알지 못하는 비상상황에서 학교를 통하여 알아낼 수 있는 방법에는 무엇이 있을까요? 여러분의 학교에서 가능하지 않다면 X 표시를 하고, 다른 방법이 있다면 아래에 적어보세요.

a 숙제 상담전화

b 학교 홈페이지

c 선생님 홈페이지

d ____________________

e ____________________

2 숙제를 알고 있을 것 같은 친구 이름을 적어도 세 명 적어보세요. 여러 선생님의 수업을 듣는다면 각 선생님과 반별로 친구 이름을 적어보세요.

친구 이름	반	전화번호

3 급한 상황에서 도움을 받을 수 있는 친구들의 전화번호를 물어보세요. 단, 친구의 전화번호를 묻거나 여러분의 번호를 알려주는 경우 부모님의 허락을 먼저 받으세요.

4 도움을 받을 수 있는 다른 방법이 있는지 부모님과 함께 생각해보세요. 몇 가지 가능한 방안을 아래에 적어보세요.

____

____

____

5 아래의 장소를 포함하여 여러 장소에 이 목록을 인쇄해서 붙여 놓으세요.

a 가방 속

b 공부방과 공부하는 장소

c 전화기 주변

부모님들의 생각

여러분이 숙제하는 시간은 부모님에게도 힘든 시간입니다. 숙제하는 동안 여러분이 받을 스트레스가 걱정되기 때문이죠. 물론, 숙제가 여러분에게 책임감을 길러준다는 사실을 알고 있지만 말이죠. 다음의 인용은 숙제에 대한 부모님의 솔직한 생각과 느낌입니다.

- "숙제는 지루한 반복일 뿐이고 효과가 없다고 생각합니다. 게다가 숙제를 완벽히 제시간에 마쳐야 한다는 생각이 아이를 힘들게 만들어요." – 예이다
- "아이가 숙제하는 시간은 가족 모두에게 악몽 같은 시간이죠. 다른 시간에는 전혀 문제가 없어요. 특히, 아이가 숙제를 잘 이해하지 못하는 경우 숙제는 가족 모두에게 피곤한 일이 되지요." – 조나단
- "숙제는 아이를 힘들게만 할 뿐 전혀 도전할 만한 것이 되지 못해요. 그래서 아이에게 도전 거리가 될 만한 질문을 하며 흥미를 느낄 수 있도록 도와주고 있어요." – 토마스
- "내 딸에겐 숙제가 힘들고 어려운 일이죠. 그래서 숙제가 자신의 능력 밖의 일이라고 하면서 오랜 시간 동안 완벽하게 해내려고 온 힘을 다합니다." – 티아레

숙제에 관한 여러분의 부모님 생각도 위의 부모님들과 같나요? 숙제하는 시간이 악몽 같지 않으려면 어떻게 해야 할까요?

무엇보다도 숙제는 학교에 다니는 동안 피할 수 없는 일입니다. 성인으로서 가져야 하는 책임감을 길러주며, 다가오는 시험을 대비하여 연습의 기회를 제공합니다. 이 장에서 말한 조언들을 잘 이용하면 숙제하는 데 걸리는 시간을 줄이면서 숙제나 과제를 효과적으로 할 수 있으리라 믿습니다.

여러분은 어떻게 생각하나요?

숙제에 관한 여러분의 감정을 잠시 동안 생각해 보세요. 그런 다음, 다음 장의 질문에 답하며 부모님과 대화를 나누어 보세요.

- 숙제를 끝내는 데 평균적으로 몇 시간이 걸리나요? 친구들과 비교하여 시간이 많이 걸리는 편인가요 아니면 적게 걸리는 편인가요?

- 숙제를 하는 동안 가장 힘든 점은 무엇입니까? 숙제 분량이 많은 것, 지루함, 또는 계획 세우기 등 무엇인가요?

- 위의 문제들을 어떻게 해결할 수 있나요? 부모님과 함께 해결방안에 관하여 이야기 나누어 보세요. 숙제하는 시간은 부모님과 언쟁을 하며 눈물을 흘리는 시간이 아니라 생산적인 시간이라는 사실을 기억하세요.

5 내가 정말 똑똑하다면 어렵지 않을 텐데

학교에서 무언가를 잘 못할 때면 정말 내가 싫어요. 영재라면 당연히 잘 해야 되잖아요. 저는 영재 프로그램에 있으니까 학교에서 하는 거의 모든 것을 쉽게 해야겠죠. 그렇지 않다면 제가 정말 똑똑하다고 할 수 있겠어요?

– 리안, 9세

여러분에게 질문 하나를 하죠. 모든 것을 쉽게 한다고 해서 그 사람이 정말 똑똑하다고 할 수 있나요? 물론 여러분은 충분히 그렇다고 저는 생각합니다. 그런데 어떤 과제가 여러분을 힘들게 했다면 그것은 무슨 뜻일까요? 여러분은 과제가 잘못되었거나 자신이 정말로 다른 사람들이 생각하는 것만큼 똑똑하지 않다는 증거라고 아마 생각할 것입니다.

이는 어느 쪽이든 틀린 말입니다. 여러분의 지적 수준과 학업능력이 직접적으로 연관되어 있는 것은 아닙니다. 물론, 여러분이 똑똑하기 때문에 대부분의 숙제를 쉽게 했을 것입니다. 만약 여러분의 도전정신을 높이는데 뛰어난 능력을 가진 선생님이 있다면, 여러분은 학급에서 어떻게 해서든 최선을 다해 열심히 공부해야 할 것입니다. 학교에서 주어진 과제를 열심히 하는 것이 똑똑하지 않아서 그렇다고 믿는 것은 잘못된 생각이며 여러분이 가진 잠재력을 발휘하려면 이런 생각을 바꾸어야 합니다.

숙제나 과제가 어렵다고 느끼는 몇 가지 이유는 앞서 말했던 영재의 특성과 관련이 있습니다. 예를 들어, 숙제나 과제가 선생님이 의도한 것보다 훨씬 어렵게 느껴질 때도 가끔 있습니다. 왜 그럴까요? 그 이유는 여러분이 숙제를 너무 복잡하고 과하게 생각하기 때문입니다. 선생님이 설마 이것을 숙제로 냈을까 해서 더 복잡한 무엇인가를 해야 한다고 생각했기 때문입니다. 이것으로 인하여 숙제하는 데 엄청난 시간이 걸리며, 화를 불러일으키기도 합니다.

35 너무 많이 생각하지 마라.

> 내 머리는 항상 수백만 가지의 다른 일들을 생각해요. – 매디, 13세

앞서 말한 것처럼, 영재 학생은 지나치게 많이 생각합니다. 왜냐하면 평범한 학생들의 뇌에 비하여 여러분의 뇌는 엄청나게 빨리 움직이기 때문이죠. 이러한 이유로 영재 학생들은 선생님이 의도한 것보다 더 복잡하게 생각하거나 답이 그렇게 쉽지 않을 것이라 생각해서 답을 찾기 위해 많은 노력을 합니다. 즉, 문제에 함정이 있을 것이라 생각하며 그 함정을 찾으려 하죠.

왜 혼자만 어렵게 생각하고 있는지 알려줄까요? 대부분 문제는 속임수가 없어요. 그래서, 아주 단순한 것이 답인 경우가 많죠.

영재 학생들이 얼마나 많은 생각을 하는지를 알 수 있는 예를 보여 줄게요. 선생님께서 '하늘'에 관한 짧은 글짓기를 해오라는 숙제를 냈다고 합시다. 대부분의 학생들은 집에 가서 하늘은 푸르다는 식으로 몇 문장씩을 적어낼 것입니다.

영재 학생들은 그렇지 않아요. 하루에 하늘을 몇 시간 정도 바라보는지 계산할 것이며, 구름이 있는지 없는지 혹은 그때의 대기 중 습도의 양은 어느 정도인지를 생각하며 숙제를 힘들어 합니다. 왜냐하면 숙제에 대한 명확한 정의를 내리지 못했기 때문에 선생님께서 실제로 원하는 것이 무엇인지

를 고민하면서 생각하고 또 생각하죠.

이 고민으로 많은 시간을 보내며 눈물을 흘리기도 합니다.

결국, 영재 학생들은 선생님이 내는 숙제가 정확히 무엇을 원하는지 알 수 없어서 숙제하지 못했다는 장문의 글을 써갈 것입니다. 선생님께서 진정으로 원했던 것은 무엇일까요? 그것은 '하늘'이 파랗다 정도의 간단한 몇 개의 문장입니다.

숙제가 무엇을 하라고 하는지 분명하지 않아서 숙제할 수 없다는 결론이 오히려 큰 절망감을 불러일으키지요. 다음번에 과제를 할 때에는 깊게 생각하는 것이 그럴 만한 가치가 있는지 따져보고 하세요.

36 도움을 받는 것도 때로는 똑똑한 일이다.

> 여러분을 도와줄 수 있는 선생님이 항상 옆에 계셔요. 여러분이 선생님을 멀리한다면 선생님은 여러분에게 도움을 줄 수가 없어요.-진, 11세

도움을 청하지도 않고 숙제가 무엇을 하라고 하는지 분명하게 알지도 못한 채 절망감에 빠지는 것은 정말 큰 문제입니다. 하지만 대부분의 영재 학생들은 도움 받는 것을 꺼립니다. 다른 사람의 도움을 받는 것은 영재가 아니며 완벽하지 않다고 생각하기 때문입니다. 이런 자세는 말 그대로 여러분에게 고통을 줄 뿐입니다.

모든 사람은 도움을 받고 살아갑니다. 이를 받아들일 때 오히려 여러분의 영재성을 더 잘 발휘할 수 있을 것입니다. 아무도 한 번에 모든 것을 이해하리라 기대하지 않아요. 그러므로 선생님께서 숙제가 무엇인지 분명하게 알려주시거나 부모님께서 도움을 주는 경우, 이를 새겨들으세요. 문제를 쉽게 해결할 수 있는 예상하지 못한 강력한 도움이 되기도 합니다. 설령 이번에는 아무런 도움이 되지 않았다 하더라도, 앞으로의 문제를 해결하기 위해 다른 사람의 도움에 대한 열린 자세를 취하는 것은 언제나 현명한 생각입니다.

37 학습 방법은 다양하다.

자신을 잘 이해하며, 가지고 있는 잠재력을 최대한 발휘할 수 있는 방법 중 하나는 자신에게 적합한 학습방법을 아는 것입니다. 여러분은 선생님의 수업을 듣는 방법을 더 좋아하나요? 아님, 읽은 단어들을 시각적으로 이미지화 시켜 기억하길 좋아하나요? 아님, 무엇인가를 학습할 때 손으로 만지고 조작하는 것을 좋아하나요? 여러분이 주로 선호하는 학습방법을 알아내기 위해 아래의 질문에 답해보세요.

여러분은 어떤 방식으로 학습하나요?

각 질문의 답에 v표 하세요.

1 나는 어떤 것을 시각적으로 볼 수 있을 때 가장 잘 학습할 수 있다.

☐ 예 ☐ 아니오

2 나는 어떤 것을 손으로 직접 만들거나 조작해 보는 것을 좋아한다.

☐ 예 ☐ 아니오

3 나의 하루 일과에 관해 이야기를 많이 하며, 다른 사람의 말을 듣는 것을 좋아한다.

☐ 예 ☐ 아니오

4 선생님이 수업할 때, 머릿속에서 단어를 쉽게 기억할 수 있도록 그림으로 형상화한다.

☐ 예 ☐ 아니오

5 직접 쓰면서 공부한 내용은 복습하지 않더라도 기억이 오래간다.

☐ 예 ☐ 아니오

6 직접 읽으면서 공부하는 것보다 다른 사람이 그 내용을 설명해줄 때 기억이 더 오래간다.

☐ 예 ☐ 아니오

7 단어공부를 할 때, 단어나 개념을 그림으로 형상화하는 것을 좋아한다. 이러한 방법이 기억에 더 오래 남는다.

☐ 예 ☐ 아니오

8 수학 시간에 블록을 사용하고, 글쓰기 시간에 문장 카드를 사용하는 방법이 기억에 도움이 된다.

☐ 예 ☐ 아니오

9 글을 소리 내어 크게 읽는 방법이 기억에 도움이 된다.

☐ 예 ☐ 아니오

여러분의 답을 확인해 보세요. 1번, 4번, 7번의 문항에서 "예"를 v표를 한 학생들은 시각적인 방법으로 학습하며, 2번, 5번, 8번의 문항에서 "예"를 한 학생들은 직접 손으로 만지면서 학습하는 것을 좋아합니다. 마지막으로 3

번, 6번, 9번의 문항에서 "예"를 한 학생들은 청각을 통한 학습을 선호합니다. 몇몇 학생들은 여러 문항에 답했을 수도 있습니다. 이는 다양한 방법으로 학습할 수 있다는 의미입니다.

학습방법에는 여러 가지가 있으므로, 이러한 다양한 학습법 중에서 어떤 방법으로 학습하는 것이 여러분에게 가장 효과적인지 먼저 알아야 합니다. 가장 중요한 것은 자신에게 맞는 학습방법을 찾는 것입니다.

38 궁금한 점이 있을 땐 서슴없이 질문하여라.

> 교실에서 다른 친구들이 비웃더라도 선생님께 질문하세요. - 에리카, 11세

영재 학생들에게 질문이란 세상에서 가장 어려운 일입니다. 대다수의 영재 학생들은 질문하기를 꺼리며, 다른 사람한테 질문을 통해 답을 얻는 것보다 스스로 더 잘 해결할 수 있다고 생각합니다. 하지만 결코 모든 문제를 혼자서 해결할 수 없다는 사실을 깨닫게 될 것입니다.

현실적으로, 세 번 정도 시도해보고 해결되지 않는 경우에는 질문하는 쪽이 더 현명합니다. "질문할 것이 없다는 말처럼 어리석은 말은 없습니다."라는 말을 한 번쯤은 들어봤을 것입니다. 이 말이 핵심입니다.

왜 그럴까요? 궁금한 사항을 확실하게 이해하고 넘어가는 것만큼 중요한 것이 없기 때문입니다. 종종 영재 학생들은 선생님께서 원하는 것을 정확히 알지 못한 채 집으로 돌아오기 때문에 숙제로 인해 극심한 스트레스를 받습니다. 집으로 향하기 전 선생님께 숙제에 대한 의문사항을 질문했다면, 숙제로 혼란스럽지 않았을 것이며 시간도 단축되었을 것입니다.

그러므로 다음번엔 숙제에 관한 의문점들은 학교에서 모두 해결하고 가세요. 완벽하게 이해할 때까지 계속해서 질문하세요. 질문하지 않는다면 숙제나 과제에 대해 잘 이해했다고 생각하기 때문에 다른 사람들은 여러분이 당연히 잘 해 올 것이라고 기대하게 됩니다.

39 완벽은 신화에 불과하다.

완벽주의자는 자신이 하는 어떤 일에도 실수해서는 안 된다고 생각합니다. 이것은 현실적으로 불가능합니다. 누구도 완벽하지 않으며, 끊임없는 완벽 추구는 자신을 힘들게 하는 지름길입니다.

최선을 다하는 것이 바람직하지만, 대부분의 영재 학생들은 실수에 대한 여지를 두지 않습니다. 이러한 완벽 추구가 여러분을 외톨이로 만듭니다. 학교에서 예기치 않게 나타날 위험을 두려워하며, 완벽하지 않은 숙제는 제출하지 못하고 혼자 힘들어 하며 심지어는 학교에 가는 것조차 힘들어하곤 하죠.

그렇다면 왜 완벽의 늪에 빠지게 되는 것일까요? 그 이유는 바로 영재에 대해 가지고 있는 여러분의 믿음, 다시 말해 영재라면 모든 것을 완벽하게 해야 한다고 생각하기 때문입니다. 자신의 작은 실수가 선생님, 부모님 그리고 친구들을 실망시킬 것이라 생각하죠. 그래서 완벽하게 해내어 누구도 실망시키지 않으려고 합니다.

그렇지만 사람은 완벽할 수가 없습니다. 다른 영재 학생들도 여러분과 같은 고민으로 힘들어 합니다.

영재라는 이런 압박감에 잘 대처하려면 배움이란 성장해 나가는 과정임을 아는 것입니다. 부모님과 선생님은 여러분이 한번에 모든 것을 잘 알 것이라 기대하지 않아요. 학습에는 시간이 걸리는 것이 당연하며, 실수란 더 나은 발전을 위한 하나의 과정이라고 생각하는 마음 자세가 필요합니다.

선생님과 부모님은 여러분의 실수를 언제든지 함께 얘기 나누려고 하며 수업 내용을 언제든지 다시 설명해주려고 합니다. 문제는, 여러분이 선생님이나 부모님의 이런 행동을 여러분에 대한 실망으로 생각한다는 것입니다. 그들은 단지 여러분을 올바른 지식으로 인도하고자 하며, 실수란 성장할 기회로 생각합니다. 선생님과 부모님은 여러분이 모든 것을 안다고 생각하지 않으며, 완벽하리라 생각하지도 않아요. 틀림없이 제 말이 맞을 것입니다.

완벽주의 깨는 법

1. 완벽하게 하고 싶은 것들을 나열하세요(숙제, 시험 등).
2. 숙제나 그 외의 것들과 관련하여 자신의 목표를 만들어보세요.
   이 목표는 실현 가능한가요? 적은 목표가 적합한지 선생님이나 부모님과 의논하세요.
3. 성적이 아니라 학습 과정에 초점을 맞추세요.
4. '감성코칭 10'의 증명기술 사용법을 연습하세요. 목표를 현실적으로 바라볼 수 있게 도와줄 것입니다.
5. 실수로 인해 스트레스를 받을 때마다 아래의 질문들을 자신에게 해보세요.
   - a 내가 이 실수로 인하여 꼭 스트레스를 받아야 하나? 이를 알기 위해 증명기술 사용법을 사용하세요.
   - b 나의 목표는 적당한가?
   - c 목표를 달성하지 못한 경우 무슨 일이 일어나는가?
   - d 기분을 전환하는 방법에는 어떤 것들이 있는가? (훌라후프법을 사용하세요.)

완벽주의적 성향을 바꿀 수 있을 때까지 위의 방법들을 반복해서 연습하세요.

40 실수는 새로운 것을 배울 수 있는 기회이다.

실수가 새로운 것을 배울 수 있는 기회라고 말하는 것은 우리가 현재 사용하는 많은 물건들이 과거의 실수로 인해 발명되었기 때문입니다. 위험을 감수하고 새로운 시도를 할 때 실수를 하곤 합니다. 하지만 이러한 실수는 여태껏 생각해보지 못한 놀라운 발견을 이끌어낼 수도 있습니다. 하지만 위험을 감수하지 않고 완벽만 추구한다면, 새로운 것을 배울 수 있는 좋은 기회를 잃어버리게 됩니다.

다음은 과학자나 혹은 누군가의 의도치 않은 실수로 발견한 것들입니다. 놀랍지 않나요? 우연한 발견 없이 어떻게 아메리카 대륙과 당뇨병 치료제 그리고 포스트잇을 발명할 수 있었을까요?

위험을 감수하고 시도해보세요. 혹시 여러분의 실수가 위대한 발명을 이끌어낼 수 있지도 않을까요.

실수로 발견한 놀라운 것들

1 크리스토퍼 콜럼버스가 신대륙을 발견했을 때 실제로는 아시아를 발견한 것이다.

2 페니실린을 포함하여 천연두 백신과 코마딘은 현재 널리 사용되고 있는 약들로 과학자가 다른 것을 찾다가 우연히 발견한 것이다(Banner, 2008).

3 중국의 한 요리사는 우연히 세 개의 재료를 섞다가 화약을 발견했다(HowStuffWorks, 2007).

4 찰흙놀이는 노아와 조셉 맥바이커가 벽지 세제를 만들다가 발견하였다. 이는 후에 장난감 회사에 팔렸다(HowStuffWorks, 2007).

5 포스트잇은 아더 프라이가 찬송가 북마크에서 착안한 것으로 3M사의 직원인 스펜서 실버가 우연히 발명한 접착제와 결합하여 탄생하게 되었다(HowStuffWorks, 2007).

놀랍지 않나요? 위험을 감수하지 않고 실패를 두려워했다면, 이와 같은 발견과 발명은 없었을 것입니다.

41 다른 사람의 말에 귀를 기울여라.

여러분은 나이가 어리고 특히 영재 학생이기 때문에 선생님, 부모님, 형제, 친구들로부터 많은 조언을 받을 것입니다. 하지만 모든 사람의 조언을 따르는 것은 어려울 수도 있습니다. 왜냐하면 여러분만의 행동 방식이 있기 때문이지요. 숙제의 경우를 보더라도 여러분은 숙제가 무엇인지, 어떻게 해야 하는지 잘 알고 있습니다.

하지만 모든 것을 다 알지는 못합니다. 그러므로 다른 사람의 말에 종종 귀를 기울이는 것도 필요합니다. 부모님의 조언이 여러분의 생각을 조리 있게 정리하는데 도움이 되기도 하며, 형제의 충고가 곤경에 빠진 여러분을 도와줄 수도 있습니다. 때론 선생님의 조언이 숙제하는 데 걸리는 시간을 줄여주기도 합니다.

다른 사람들의 조언을 듣는 것이 여러분을 초라하게 만들지 않아요. 여러분이 모른다는 것도 틀렸다는 것도 아니기 때문이죠. 오히려 다른 사람의 조언은 어떤 것을 새로운 관점에서 볼 수 있게 도와줍니다.

선생님, 부모님, 형제들 은 여러분이 새로운 것을 받아들이기를 원합니다.

> 선생님의 말씀이 지루하지만 귀 기울여 들으려고 노력해요. 지금 당장은 아무런 효과가 없지만 언젠가 도움이 되기 때문이죠.
>
> – 캐서린, 13세

42 어려운 문제를 풀 때는 생각할 시간을 가져라.

어려운 문제 때문에 힘든 시간을 보내고 있나요? 많은 영재 학생들이 그럴 것이라고 생각합니다. 이는 어려운 문제에 대한 두려움과 틀릴지도 모른다는 공포감 때문입니다. 배가 아픈데 가까이에 화장실이 없어 어떻게 해야 할지 모르는 혼란스러운 감정과 비슷한 느낌일 것입니다. 여러분은 어떻게 해서라도 이 답답한 상황을 피하고 싶을 것이고, 무엇이라도 해야만 할 것 같은 느낌을 받을 것입니다.

이유야 어떻든 간에 학교에서 가장 어려운 일 중 하나가 아마 어려운 문제를 푸는 일일 것입니다. 다음에 어려운 문제로 답답함을 느낀다면, 아래에 있는 해결책을 읽어보고 따라해 보세요.

어려운 문제 해결법

1. 3장에서 언급한 '진정하는 법'을 이용하여 충분한 휴식시간을 가지세요.
2. 천천히 문제를 살펴보고, 필요하다면 문제에서 말하고자 하는 것이 무엇인지 적어보세요.
3. 답을 찾기 위해 여러 가지 방법으로 생각해보세요. 여러분의 방법이 논리적이며 다른 문제에 잘 적용될 수 있는지 판단해보세요.
4. 적합한 방법을 찾아서 문제에 적용하세요. 문제가 잘 해결되지 않는다면 다른 방법으로 시도해보세요.
5. 의문 사항이 생길 때는 도움을 요청하세요.

43 영제라고 해서 처음 배우는 것까지도 잘 알아야 하는 것은 아니다.

큰딸이 3학년을 막 시작했을 때가 기억납니다. 딸은 새 학년을 시작하기 전에 알아야 하는 모든 것을 내가 가르쳐주지 않았다고 화를 냈습니다. 딸은 학교에서 배우는 것을 싫어했고, 항상 모든 것을 미리 알고 있어야 했습니다. 딸은 자신이 그럴 필요가 없다는 사실을 알게 되었을 때, 좌절하고 말았습니다.

여러분도 이러한 경험이 있을 것입니다. 예를 들면, 모든 사람이 인정할 만큼 똑똑하다면 모든 것을 다 알아야 한다고 생각하죠.

물론, 항상 그럴 필요가 없다는 사실도 잘 알고 있을 것입니다. 하지만 이를 인정하지 않으려고 하고, 또 다른 사람에게 배우는 것은 스스로 똑똑하지 않음을 인정하는 것으로 생각합니다. 이러한 생각을 바꾸기는 쉽지 않지만, 열린 마음으로 새로운 것들을 받아들이는 것이 인생을 지혜롭게 살아가는 방법 중 하나입니다. 열린 마음은 여러분의 잠재력을 발견할 수 있게 하며, 공부하고 있는 과목에서 몰랐던 내용을 알 수 있게 하고, 생활에서도 새로운 안목을 가져다 줄 것입니다. 그러므로 최대한 마음을 열어두세요. 그리고 머릿속에서 작은 목소리가 여러분에게 모든 것을 이미 다 알고 있어

> 처음 배운 내용이니까 이해하지 못하는 것이 당연하다고 스스로 위로해 보지만 사실 이를 받아들이기가 너무 어려워요. – 마야, 14세

야 한다고 속삭인다면 가볍게 무시하세요.

부모님들의 생각

부모님은 여러분의 완벽주의와 그로 인한 스트레스에 대처하느라 꽤 오래 시달려왔습니다. 부모님의 생각을 들어보세요. 부모님의 심정을 더 잘 이해할 수 있을 것입니다.

- "내 딸은 완벽주의자라서 제시간에 해야 할 일을 완벽하게 끝내지 못할 때 화를 내며 불안해해요." – 제임스
- "감사하게도 저와 제 딸 모두 영재입니다. 그래서 아이들이 학교에서 받는 스트레스를 잘 이해할 수 있어요." – 아세아
- "맞아요. 내 딸도 완벽주의자죠. 학교 과제뿐만 아니라 학교에서 하는 모든 일, 방 정리, 스포츠 활동에서까지 모두 완벽하려고 해요. 너무 피곤하죠." – 글로리아
- "우리 아이의 완벽주의 때문에 집안이 전쟁터가 될 때도 있어요. 아내와 제가 아무리 뭐라고 말해도 아이들은 금방 집안 분위기를 엉망으로 만들어버려요." – 더그

여러분의 완벽주의와 그로 인한 스트레스는 집안을 엉망으로 만들기도 합니다. 잠시 시간을 내어 여러분의 완벽주의에 관한 부모님의 생각을 여쭈어보세요. 새로운 사실들을 알게 되었나요?

누구보다 뛰어나야 한다는 말은 대부분의 영재 학생들이 처음 듣는 것도 아닙니다. 그러나 이렇게 뛰어나야 한다는 능력이 때론 잠재력을 발휘하지 못하게 하는 방해요소가 되기도 합니다. 예를 들어, 스트레스와 위험을 감내하지 않으려는 자세, 그리고 완벽주의적 성향이 잠재력을 발휘하는 데 방해가 되는 요소들입니다. 다음의 질문들을 보세요. 학교나 일상생활 속에서

여러분의 능력에 대해 느끼는 감정이 무엇인지 알고 싶을 때는 종종 아래의 질문들에 답해보세요.

여러분은 어떻게 생각하나요?

다음 질문을 읽고 솔직하게 답하세요. 여러분의 잠재력을 발휘하려 할 때 가장 어렵게 느껴지는 부분은 무엇입니까?

여러분은 스스로 완벽하려고 노력하나요? 그렇다면, 이러한 완벽주의적 성향을 줄이기 위해 어떤 노력을 하나요?

최근에 학교에서 어떤 실수를 저질렀는지 생각해보세요. 어떤 실수였고, 이를 어떻게 대처했나요?

새로운 것을 배우는 데 두려움을 느끼나요? 왜 두려운가요?
이러한 두려움을 없애려면 어떻게 해야 할까요?

6 압박감? 어떤 압박감?

부모님과 친구 그리고 세상 사람들은 영재 학생들에게 많은 기대를 합니다. 그러나 이들의 기대는 정작 여러분의 기대, 다시 말해 성적에 대한 기대("난 항상 A를 받아야 해."), 세상 문제에 대한 기대("지구 온난화로부터 북극곰의 죽음을 막아야 해."), 또는 진학에 대한 고민("얼마나 많은 대외활동을 해야 좋은 대학에 갈 수 있을까?")과는 너무나 동떨어진 것입니다. 그러다보니 이렇게 많은 기대감은 여러분을 힘들게 합니다.

세상의 많은 일에 관심을 가지고 넓게 바라보는 경향은 영재 학생들에게는 아주 자연스러운 일인데, 이로 인해 심리적 압박감이 생깁니다. 예를 들어, 세계의 여러 문제에 대한 관심, 학교 성적이 자신의 미래에 미칠 영향, 그리고 좋은 교육의 필요성 등과 같이 영재인 여러분은 큰 그림을 그리기 좋아합니다.

> 저는 제 자신에 대해 아주 엄격해요. 모든 면에서 완벽해야 한다고 생각하죠. 그래서 스스로 완벽하지 않다고 느낄 때마다 폭발하는 감정을 주체할 수가 없어요. 이러면 안 된다고 하면서도 자제가 되질 않아요. - 레베카, 13세

또한, 불필요한 압박감을 받을 수도 있습니다. 왜냐하면 선생님의 질문에 대하여 작은 실수를 범할 때마다 여러분에 대한 선생님의 기대에 흠집을 낸다고 생각

하기 때문입니다. 예를 들어, 부모님이 과제와 시험에 관해 물어보는 것을 항상 A를 받길 원한다는 뜻으로 생각하여 여러분 자신을 힘들게 하거나, 계속 성공하지 못한다면 친구들이 실망하리라 생각해서 스스로를 압박합니다.

왜 이렇게 심한 압박감을 느끼는지 알고 싶나요? 이 압박감의 대부분은 엉뚱한 믿음 때문이죠. 모든 것에 완벽해야 한다고 생각해서 스스로를 힘들게 하기 때문이죠. 물론, 어느 정도의 압박감은 긍정적인 역할을 합니다. 한 가지에 몰두하게 하고, 학습에 동기를 부여하기도 하죠. 하지만 극심한 압박감은 스트레스만 줄 뿐입니다. 그러니 마음을 너그럽게 가지세요.

44 자신에게 좀 더 너그러워져라.

여러분 한사람 한사람에 대해 잘 알지는 못하지만, 대부분의 영재 학생들이 항상 최선을 다하려 한다는 사실은 잘 알고 있어요. 여러분은 매사에 신중하며 완벽하려고 노력하죠. 원하는 성적보다 낮은 성적을 받거나 작은 실수를 범할 때면, 다음번엔 더 열심히 하려 합니다. 일상생활의 모든 면에서 지금보다 나아지기 위해 노력하죠.

쉽게 포기하는 법이 없습니다.

그러나 이러한 삶의 방식은 나쁜 결과를 초래할 수도 있습니다. 극심한 압박감은 스스로 조절하기 힘들며, 결국 이러한 압박 속에서 빠져나올 수 없는 악순환에 빠지게 됩니다. 그래서 모든 면에서 최선을 다하려 할 뿐, 극도로 치열할 필요는 없다는 점을 기억하세요. 최선을 다하려는 자체만으로도 충분합니다.

조여오는 압박감에서 벗어나려면 먼저 무엇보다도 자신의 실수와 실패를 스스로 받아들이는 자세가 필요합니다. 이 자세가 모든 것의 핵심입니다. 그러므로 다음번에 어떤 것에 실패하거나 실수를 저질렀을 때, 단지 실수일 뿐 이것이 전부가 아니라는 사실을 받아들이도록 해보세요.

> 때론 여러분도 실수할 수 있어요. 이러한 실수로부터 배우려 할 뿐, 스스로를 너무 다그치진 마세요. 자신을 다그치는 행동은 아무런 도움이 되지 않아요. – 시드니, 13세

45 스트레스 상황에서는 문제를 절대 해결할 수 없다.

> 때론 스트레스를 떨쳐버리고 해야 할 일에 집중할 필요가 있어요." – 비샤르, 13세

스트레스는 아주 흥미로운 존재입니다. 우리 몸이 위기에 처했을 때 나타나는 반응이며, 위험한 상황을 피할 수 있게 해주는 원동력입니다. 그러나 때론 이러한 스트레스가 간단한 것조차 해결할 수 없을 만큼 여러분을 무기력하게 만들기도 합니다.

스트레스는 긴급한 상황에서 나타나는 우리 몸의 '투쟁-도피 반응'의 일종으로, 이 스트레스가 여러분을 좌지우지하지만 않는다면 생물학적으로 적절하게 필요한 것입니다. 그러나 극도의 스트레스는 판단을 흐리게 하고, 많은 문제를 일으킬 수도 있습니다.

가장 큰 문제는 두뇌와 관련되어 있습니다. '투쟁-도피 반응' 혹은 '스트레스 반응'은 위험한 상황에서 빠르고 안전하게 대피할 수 있도록 판단하는 두뇌 활동을 방해하곤 합니다. 극심하게 스트레스를 받았던 때를 생각해 봅시다. 말 그대로 어떠한 판단도 정확히 할 수 없지 않았나요?

스트레스를 받는 상황에서 문제를 해결하는 것이 얼마나 힘든 일인지는 말할 필요도 없을 것입니다.

물론 '투쟁-도피 반응'은 아주 짧은 시간 동안 일어나니까 금방 사라질거라 생각하겠지만, 대부분의 우리는 끊임없이 스트레스를 받기에 여기서 벗

어날 수가 없습니다. 그래서 두뇌는 늘 똑같은 방식으로 반응하며, 생각을 느리게 만듭니다.

저는 여러분을 잘 모르지만, 이러한 스트레스가 여러분에게 나쁜 영향을 미치리라는 것은 잘 알고 있어요. 이를 멈출 수 있는 가장 간단한 방법은 무엇일까요? 그것은 바로 스트레스를 그만 받는 것입니다.

46 휴식 시간을 가지세요.

여러분 자신도 스트레스를 그만 받을 필요가 있다는 사실을 알고 있을 것입니다. 어떻게 하면 이러한 스트레스를 줄일 수 있을까요? 1부에서 '심호흡법'과 '스스로 진정하는 법'에 대해 이미 이야기했습니다.

휴식 시간을 가지는 것은 지속적으로 받는 스트레스를 멈추게 하고, 두뇌가 다시 정확한 판단을 내릴 수 있도록 돕는 또 다른 방법입니다. 스트레스를 날려버리고 휴식 시간을 좀더 효율적으로 보낼 수 있는 방법이 있습니다.

휴식 시간을 똑똑하게 보내는 법

1 지속적으로 스트레스를 받는다면 휴식시간을 가지세요.

2 스트레스로부터 빨리 벗어나기 위해 심호흡을 하거나 마음을 진정시킬 수 있는 또 다른 방법을 찾아보세요.

3 마음을 가라앉힌 후에 하던 공부를 다시 시작하세요. 스트레스가 심해진다고 느낄 때마다, 위의 방법을 반복해서 따라해 보세요.

4 휴식시간을 핑계로 과제를 덜 했다고 변명하진 마세요. 휴식은 단지 마음을 진정시키고 하던 일에 다시 집중할 수 있게 도와주는 일입니다.

5 일부 학생들은 공부하는 도중에 휴식시간을 가짐으로써 스트레스와 압박감을 조절할 수 있다고 합니다. 예를 들어, 타이머를 이용하여 30분 동안 공부하고 5분 동안 쉬는 방식으로 반복하는 것입니다.

47 성적이 전부가 아니다.

성적이 인생의 전부는 아닙니다. 그렇지만 여러분은 그렇지 않다고 말할 것입니다. 좋은 성적을 받지 않고서는, 나중에 성공하기 어려울 뿐만 아니라 자신이 얼마나 똑똑한지를 입증할 방법이 없다고 주장하겠지요. 게다가, 성적이야말로 부모님과 선생님께서 가장 중요하게 생각하는 것이라고 말하고 싶을 것입니다. 물론, 저도 잘 알고 있습니다.

하지만 여전히 같은 말을 하고 싶네요. 성적은 아주 커다란 그림의 한 조각일 뿐입니다. 그것도 아주 작은 조각이지요.

공부에 있어 가장 중요한 것은 성적 뒤에 숨겨진 '어떻게' 했느냐 하는 부분입니다. 수학을 예로 들어봅시다. 모든 것이 성적이나 정답에만 좌우된다면, 선생님은 여러분이 과제를 한 방법이나 문제풀이 과정에 아무런 관심이 없고 오직 정답인지 아닌지에만 관심을 가질 것입니다.

선생님은 여러분의 성적과 정답 여부에만 관심을 가지는 것이 아닙니다. 어떻게 그 답을 얻었는지, 답을 얻는 과정에서 어떠한 행동을 보이는지에 관심이 있습니다. 결과뿐만 아니라 과정을 중요하게 생각하며, 답 자체가 아니라 답을 어떻게 구했는지 그 방법에 대해 알고 싶어 한다는 말이죠. 실제

> 성적에 신경 쓸 필요가 없다는 것을 잘 알면서도 신경을 쓰게 돼요. 그래서 시험이나 과제를 제출하기 전에 적어도 꼭 두 번은 검토를 해요.
> – 프레도, 9세

로 학습은 이처럼 과정이나 방법에서 일어납니다. 정답은 학습의 결과물일 뿐입니다.

성적은 학습의 결과물일 뿐이므로, 성적에 대한 생각을 조금만 제쳐두세요. 실제로 공부의 관점에서 바라본다면, 성적보다 더 중요한 것은 학습 방법입니다.

그렇다고 성적에 신경 쓰지 말라는 뜻은 아닙니다. 단지 성적만이 유일하게 집중해야 할 대상은 아니라는 것입니다.

48 좌절감에 빠지면 생각조차 할 수 없다.

앞에서 우리는 스트레스가 여러분의 사고에 어떤 영향을 미치는지 알아보았어요. 그렇다면, 무엇이 이러한 스트레스를 불러일으킬까요? 아마, 이는 좌절감과 관련 있을 것입니다. 좌절감이 스트레스의 또 다른 반응이기 때문이죠.

좌절감은 주로 어떤 일에 대한 실패나 누군가에 대한 실망으로 인해 나타납니다. 이는 노력하였지만, 결과가 좋지 않은 상황이 여기에 해당합니다. 예를 들어, 시험에서 어려운 문제를 풀지 못했거나, 어떤 것을 누군가에게 아무리 열심히 설명하였지만, 상대방이 전혀 이해하지 못하는 상황이 여기에 해당합니다. 이러한 상황에서 나타나는 감정이 '좌절'입니다.

스트레스를 받는 상황과 유사하게 좌절감을 느낄 때도 생각을 잘할 수가 없습니다. 이를 때면 보통 좌절감에 빠지게 되고, 좌절감과 함께 슬픔, 분노, 극심한 우울 이외에는 어떠한 다른 감정도 느끼지 못하는 힘든 시간이 될 것입니다.

여러분이 좌절감을 느낄 때마다 휴식 시간을 갖는 것이 가장 중요합니다. 몸과 마음이 편안해진다면, 좌절감은 금세 사라질 것입니다.

> 시험을 치기 전에 긴장하면 실수를 하기 마련이에요. 시험 전에 운 적이 있었는데 올바른 생각을 할 수가 없었어요. 실수란 지나가는 과거일 뿐이라는 사실을 나중에 배웠어요.
>
> – 타티안나, 13세

49 편안한 마음을 가지는 것이 좋은 성적을 얻는 가장 쉬운 방법이다.

앞서 우리는 스트레스와 좌절감이 생각을 정상적으로 잘 하지 못하게 한다는 사실에 대해 알았습니다. 이러한 이유로, 스트레스나 좌절감을 받게 되면 시험에서 좋은 성적을 받지 못할 수도 있다는 말입니다. 심지어 몇몇 연구에서는 스트레스와 시험에 관한 불안감이 집중력과 기억력을 흐리게 한다는 사실을 보여주었고(Cassady & Johnson, 2002), 독해력과 이해력에도 영향을 미친다고 합니다(Cassady, 2004).

즉, 스트레스와 불안감이 오히려 시험을 더 어렵게 느끼도록 합니다. 그렇다면 이러한 상황에서 우리는 무엇을 할 수 있을까요? 먼저 몸과 마음을 편안하게 하세요. 그런 다음, 시험에 관한 불안감을 줄일 수 있는 방법을 찾아보세요. 그러면 자연스럽게 시험을 잘 칠 수 있을 것입니다.

시험불안 해소법

1 공부한 내용을 걸으면서 되새겨보는 것만큼 여러분의 몸과 마음을 편안하게 하는 것은 없습니다.

2 이해하지 못한 문제가 있다면, 쉬운 문제로 넘어가세요.

3 문제를 전체적으로 훑어보고 난 후, 아는 문제부터 먼저 풀고, 어려운 문제로 넘어가세요.

4 심호흡하며 편안한 마음을 가지세요. 왜냐하면, 극심한 스트레스를 받거나 좌절감에 빠지게 되면 어떠한 생각도 하기 힘듭니다.

5 시험을 치기 전, 불안해하는 자신의 모습을 보게 된다면 약간의 예행연습을 해보세요.

a 시험 치는 순서를 단계별로 머릿속으로 그려봅시다. 먼저 교실에 들어가서 자리에 앉습니다. 그런 다음 연필을 잡고, 선생님께서 시험지를 나누어 줍니다.

b 머릿속으로 상상해보는 동안 스트레스를 받았다면 잠시 멈추어서 진정할 때까지 심호흡을 하세요. 그리고 다음 단계를 상상해보세요.

c 스트레스를 받지 않을 때까지 단계를 반복해서 연습하세요.

위의 방법을 주기적으로 연습하세요. 시험에 대한 불안감을 완벽히 극복할 수 있을 것입니다.

50 쉬운 과제로 동기를 유발하여라.

> 어려운 것을 하면서도 하고 싶다는 생각을 유지하는 건 때때로 쉽지 않아요. 그래서 쉬운 것을 하면서 하고 싶은 동기를 유지하는 게 좋아요. 동기부여라는 것이 쉽지 않거든요.
>
> – 마리아, 11세

시험에 대한 불안감을 없애는 방법 중 하나는 쉬운 문제부터 해결하는 것입니다. 왜냐하면, 영재 학생들은 과제를 하는 데 있어서 성공의 여부를 중요하게 여기기 때문입니다. 시험뿐만 아니라 여러분이 하는 모든 일에서도 쉬운 것부터 해결하세요. 어려운 문제만 가지고 씨름한다면 쉽게 좌절하며 포기하고 싶을 것입니다.

좌절감으로 인해 과제를 포기하는 일이 없도록 쉬운 것부터 시작하고, 그런 다음 어려운 과제에 도전하세요. 모든 과제를 끝마칠 때까지 이런 식으로 쉬운 과제와 어려운 과제를 번갈아 가면서 하세요.

또 다른 방법은 쉬운 것부터 먼저 해결하는 것입니다. 시험 칠 때 특히 이 방법이 효과적입니다. 이처럼 쉬운 것부터 먼저 하는 것이 좋지만, 대부분의 경우 쉬운 것과 어려운 것을 번갈아 하는 것이 가장 좋습니다. 이렇게 하면 쉬운 것부터 가장 어려운 일이나 과제를 펼쳐놓을 수 있어 무엇을 먼저 해야 할지를 결정할 수 있게 해줍니다.

어떤 날에는 모든 문제가 어렵게 느껴지기도 합니다. 이는 무엇을 하고자 하는 동기가 부족할 때 자주 발생하는 상황으로 매우 피곤하거나 압박감을 받을 때입니다. 이런 때에는 주어진 과제를 끝내고자 하는 의욕을 유지하기가 참 어렵습니다.

따라서 이런 날에는 쉬운 과제부터 시작하여 성취감을 충족시켜 의욕을 끌어올리세요. 또한, 과제를 마칠 때마다 목록에 체크표시를 해나간다면 해야 할 과제가 줄어드는 것을 알 수 있고, 이것으로 인해 남은 과제를 하고 싶은 동기가 생길 것입니다. 과거에는 좌절감을 느끼기도 했고 눈물도 흘렸겠지만, 이제 여러분은 쉬운 과제의 성취로 의욕이 충만해져서 해야 할 모든 과제를 무사히 마칠 수 있을 것입니다.

51 스트레스로 인한 행동은 여러분의 본 모습이 아니다.

감정에 이끌려 폭발하는 모습이 여러분의 원래 모습이 되지 않도록 해야 합니다. 어려운 일이겠지만 스트레스에 지배되어서는 안 됩니다.

여러분이 느끼는 스트레스와 좌절감은 일상생활에서 나타나는 자연스러운 반응입니다. 하지만 훌라후프법에서 배운 것처럼 삶이 이끄는 길을 바꿀 수 있는 힘이 여러분에게는 없습니다. 이렇게 삶의 경로를 변경할 수는 없지만, 학교에서 받는 많은 기대와 압박감으로 인한 스트레스에 대처하는 여러분의 행동은 바꿀 수 있습니다. 중요한 점은, 스트레스와 좌절감과 같은 안 좋은 감정으로 인한 행동은 여러분의 본 모습이 아니라는 것입니다.

마음이 평온한 상태일 때는 자신이 어떤 사람인지 잘 알지만, 스트레스를 받는 상황에서는 자신의 본 모습을 찾고 유지한다는 것이 쉽지 않아요. 다음에 나오는 '나의 본 모습'은 자신이 어떤 사람인지 기억하지 못할 때, 이를 생각나도록 돕는 좋은 지침서입니다.

나의 본 모습

1 친구들과의 관계, 학교생활, 가족들과의 관계 등에서 나타나는 여러분의 좋은 점에 관하여 적어보세요.

2 선생님이나 다른 어른들이 말한 여러분의 좋은 점은 무엇인가요?

3 미래의 꿈과 목표를 적어보세요.

4 친구들이나 가족들과 함께 하고 싶은 것들을 적어보세요.

5 목록을 만든 후, 그림을 그리거나, 콜라주나 배경음악을 만들거나, 다른 방법을 사용하여 여러분이 얼마나 괜찮은 사람인지 표현하세요. 완성된 목록을 여러분이 자주 가는 곳이나 학교와 집에 가져다 놓으세요.

6 생각이 바뀔 때마다 새로운 목록을 만들고 그림이나 콜라주도 만드세요. 이러한 방법은 여러분이 어떤 사람인지 알려주는 좋은 지침서가 될 것입니다.

● 부모님들의 생각

여러분에 대한 부모님의 기대와 강요는 부모님이라면 당연히 가지는 감정입니다. 항상 A를 받아야 하고, 모든 것을 잘 해야 한다는 압박감과 기대는 부모님 때문이라고 생각할 것입니다. 부모님의 생각이 담긴 다음 글을 읽으면서 여러분과 부모님이 얼마나 다르게 생각하고 있는지 살펴보세요.

- "우리 애는 선생님이 자신이 하는 모든 것은 완벽할 거라 기대한다고 생각해요. 선생님이 정말 그렇게 생각하는지도 모르죠." – 제니스
- "제 아이는 제가 주는 압박감보다 자기 스스로 주는 압박감이 더 커요. 어떤 면에선 이것이 (책임감을 벗어나게 해줘서) 저를 편안하게 하지만 이런 압박감이 아이에게 끼치는 영향이 걱정되죠." – 넬리
- "제 아이들은 자신이 받는 압박감에 대처하는 방법이 서로 달라요. 딸은 폭발해버리고, 아들은 속으로 삭이죠. 그래서 늘 살얼음판을 걷는 느낌이죠." – 카마리
- "시간적 제약이나 교사의 너무 지나친 기대, 어려운 질문에 답도 못하는 교사의 실력 부족 등과 같은 불필요한 것들로 인해 우리 애들이 좌절감을 느끼지 않았으면 해요." – 숀

결론적으로, 여러분과 부모님 모두 여러분이 일상생활에서 압박감을 느끼는 것을 알고는 있지만, 이러한 심리적 압박감의 출처에 대해서는 종종 다르게 생각합니다. 부모님과 여러분의 진솔한 대화는 이런 압박감의 서로 다른 느낌을 해결하는데 도움이 될 것입니다.

압박감, 기대, 스트레스 그리고 좌절감 등은 여러분의 일상생활에서 흔히

느끼는 감정입니다. 이러한 감정을 조절하는 법을 배운다면, 여러분의 잠재력을 끌어올리는데 도움이 될 뿐만 아니라 성인이 되어서도 이와 유사한 상황을 잘 헤쳐나갈 수 있는 도구를 소유하게 되는 것입니다.

여러분은 어떻게 생각하나요?

여러분이 느끼는 압박감에 대해 말해보고, 이러한 압박감을 어떻게 대처할 수 있는지 생각해보는 시간입니다. 다음 장으로 넘어간 후에도, 이 페이지로 돌아와 아래의 질문에 답해보세요. 압박감에 대한 오늘의 감정과 내일의 감정은 아마 달라져 있을 것입니다.

▶ 어떤 압박감을 받나요? 얼마나 자주 그런 압박감을 받나요?

▶ 학교에서 받는 스트레스와 좌절로 인한 심리적 압박감을 줄이기 위해 어떤 행동을 하나요?

▶ 얼마나 자주 휴식 시간을 갖나요? 휴식 시간에는 주로 무엇을 하나요? 이러한 휴식은 여러분의 좌절감과 스트레스를 줄여 주는 데 도움이 되나요?

III부 친구와 함께

대부분의 영재 학생들은 친구들과 관계를 유지하는 일을 어려워합니다. 또래 학생들과 달리 논리와 정확성을 추구하며, 사소한 일에 쉽게 감정이 변하기 때문에 평범한 학생들은 이러한 여러분을 이해하지 못할 것입니다. 비슷한 가치관을 가진 친구를 찾는다 하더라도 묘한 경쟁심 때문에 여전히 어려운 점이 많을 것입니다. 왜냐하면, 매사 열심히 하는 여러분이 자신보다 더 열심히 하는 친구로 인해 스트레스를 받기 때문입니다.

III부에서는 친구 관계에 대해 다룰 것입니다. 이번 장에서는 친구들과의 경쟁에서 어떻게 행동해야 하는지, 사이좋게 지내려면 어떻게 해야 하는지, 나와 모든 것이 다른 친구들을 어떻게 이해하여야 하는지 등 여러분의 친구 관계에서 가장 필요한 것들을 조언해주려고 합니다. 시작하기에 앞서 영재 학생과 평범한 친구들에 관하여 '어느 정도 알고 있는지 다음의 '영재 학생과 친구들' 에서 확인해보려고 합니다. III부 '친구와 함께' 를 다 읽고 난 후 여러분의 심정에 어떤 변화가 있었는지 다시 체크해보기 바랍니다.

영재 학생과 친구들

각 질문의 답에 v표를 하세요.

1 내가 하고 싶은 놀이를 하자고 친구들에게 말해도 괜찮아요. 친구들은 이렇게 우겨도 전혀 이것에 대해 신경 쓰지 않아요.

☐ 그렇다 ☐ 아니다

2 그들에게 상처가 되는 말이라 할지라도, 친구들은 내가 진심을 말해주길 바랄 거에요.

☐ 그렇다 ☐ 아니다

3 나와 친구들의 감정이 고조되었을 땐, 할 수 있는 것이 아무것도 없다고 생각해요.

☐ 그렇다 ☐ 아니다

4 친구들과 어울리려면 나의 영재성을 숨겨야 한다고 생각해요.

☐ 그렇다 ☐ 아니다

5 나의 영리함과 감정 상태는 평범하지 않다고 생각해요.

☐ 참 ☐ 거짓

7 리더들이 너무 많을 때

> 항상 제 말이 옳다고 생각해서 다른 친구들의 말을 잘 듣지 않아요. 다른 친구들에게도 말할 기회를 주어야 한다는 사실을 알고는 있지만 실천하기가 어려워요. – 니나, 11세

영재 학생들에게 친구들과의 관계는 어려운 일 중 하나입니다. 학교에서 공동책임이 요구되는 모둠 과제나 협동 과제를 할 때, 특히 이러한 어려움을 많이 겪게 됩니다.

왜 이러한 상황들이 영재 학생들에겐 어렵게 느껴질까요? 대부분의 영재 학생들은 자신만의 방법이 성공적으로 과제를 하는 데 가장 좋은 방법이라고 생각하기 때문입니다. 물론, 여러분이 다른 친구들에 비하여 게임의 규칙을 더 잘 알고 있거나 문제를 효율적으로 해결할지도 모릅니다. 그렇다고 해서 여러분만이 그 문제를 잘 해결할 수 있는 유일한 사람은 아닙니다. 그러므로 진정한 리더가 되기 위해 가장 중요한 것은 자기 생각을 굽힐 줄 알며, 다른 친구들에게도 공평하게 말할 수 있는 기회를 주는 것입니다.

52 친구들에게 너그러운 마음을 가져라.

영재 학생들은 자신이 하는 모든 일에 완벽을 추구하기 때문에 스스로에게 엄격하려고 합니다. 하지만 문제는 이러한 엄격한 잣대가 자신에게만 해당되는 것이 아니라는 것입니다. 친구들에게도 엄격한 잣대를 대며 과제를 완벽하게 해오길 원합니다. 여러분과 같은 영재 학생들은 완벽하게 과제를 할 수 있을지 모르지만, 평범한 대부분의 학생들에겐 불가능한 일입니다. 왜냐하면, 모든 사람이 여러분처럼 이러한 엄격한 기준을 가지고 살아가는 것은 아니니까요. 대부분의 사람들은 실수를 저지르기도 하고, 불확실하게 추측하기도 하며, 잊어버리기도 합니다. 간단히 말해서, 평범한 사람이라는 것입니다. 여러분도 마찬가지입니다. 친구들이 실수를 저지르거나 의도하지 않게 여러분을 다치게 하더라도 펄쩍 뛰며 격한 반응을 보이지 마세요. 이는 오히려 상황을 더 악화시킬 뿐입니다. 자신의 결점을 지적받는 것을 좋아할 사람이 어디 있겠어요. 물론 여러분도 마찬가지일 것입니다. 그러므로 친구의 실수나 잘못을 지적하기보단 너그러운 마음으로 이해해 주세요. 그리고 친구들은 여러분과 다르다는 사실을 기억하세요. 친구들에게 여러분과 같은 수준의 완벽함을 기대한다면 이것이 오히려 공평하지 않은 것입니다.

> 여러분이 원하는 만큼 수준 높게 과제를 못하는 친구들이 있을 거예요. 괜찮아요. 친구들에게 여유를 주세요. 나름대로 친구들도 최선을 다하고 있을 것입니다. –말린, 12세

53 영재라고 해서 항상 정답을 말해야 하는 것은 아니다.

이 말이 충격적인가요? 그럴 것입니다. 하지만 여러분에게 늘 100점 맞기를 기대할 수 없듯이 아무도 여러분이 항상 정답을 말할 것이라고는 생각하지 않아요. 사실, 때론 틀린 답을 말하거나 다른 친구들이 정답을 말할 수 있도록 양보하는 것도 현명한 방법입니다. 이렇게 친구들에게 양보함으로써 더 잘 어울릴 수 있으며, 내가 아닌 다른 친구가 주목받을 기회를 줄 수도 있습니다.

가장 중요한 것은 이렇게 틀린 답을 말함으로써, 영재라고 해서 항상 정답을 알고 있지는 않다는 사실을 보여주는 것입니다. 이렇게 해서 다른 친구들에게도 정답을 맞출 수 있는 즐거움을 느끼게 해주세요. 그리고 친구가 틀린 답을 말하더라도 이를 지적하지 마세요.

여러분보다 더 똑똑한 친구들이 있을 거라는 사실을 받아들이고, 항상 겸손해야 합니다. 이를 받아들이고 정답을 말할 수 있는 기회를 친구들에게 양보한다고 해서 여러분이 영재가 아닌 것은 절대 아니기 때문입니다.

54 모든 사람의 생각을 존중하여라.

많은 사람들이 여러분 말에 집중해서 들을 때 기쁘지 않나요? 선생님이나 부모님의 칭찬을 항상 듣고 싶지 않나요? 여러분의 친구들도 마찬가지랍니다.

모든 사람은 인정받고 싶어 한다는 사실은 원만한 친구 관계에 있어서 중요한 점입니다. 이는 인간이 갖는 본성이기 때문이죠. 그럼 어떻게 여러분이 친구들을 존중하고 있음을 보여줄 수 있을까요?

친구들에게 자기 생각을 말할 수 있는 기회를 주는 것이 존중의 첫 출발입니다. 왜냐하면, 친구들에게 정답을 맞출 수 있는 기회를 주고, 원하는 활동을 선택할 수 있게 하며, 친절을 베풀고 하는 것이 상대방을 존중하는 방법이기 때문이죠.

이렇게 함으로써 여러분은 "나의 옆에 있어줘서 고마워"라고 표현하는 것입니다. 이는 여러분의 일상생활에서 그 친구가 중요한 사람이라는 사실을 알려줄 수 있으며, 이것이 친구를 존중하는 방법입니다. 상호존중이야말로 진정한 우정을 향한 지름길입니다. 서로 간에 존중이 없다면 어떠한 신뢰도 있을 수 없으며, 신뢰가 없는 우정이란 무너지기 쉬운 건물과도 같죠.

아래의 질문인 '친구 존중법'에 대하여 간단히 답해보세요.

친구 존중법

각 질문의 답에 동그라미 하세요.

1 친구의 발표에서 많은 실수를 알게 되었습니다. 이 상황에서 여러분은 어떻게 할 것인가요?

a 발표 중간에 실수를 지적한다.

b 발표를 마친 후, 친구에게 실수를 말해준다.

c 선생님께서 알아서 하시게 둔다(아무리 친구라 해도 지적하는 것은 나의 역할이 아닌 것 같다).

2 친구가 힘든 하루를 보내며 울고 있습니다. 이 상황에서 여러분은 어떻게 할 것인가요?

a 완전히 무시하고 그냥 지나친다.

b 무슨 일인지 물어보고 진정시키며 도와준다.

c 무슨 일인지 물어보지만, 친구가 혼자 있기를 원한다면 한걸음 물러선다.

3 친구가 새 옷을 입고 왔습니다. 하지만 친구에게 잘 어울리지 않았습니다. 이 상황에서 여러분은 어떻게 할 것인가요?

a 그 옷이 잘 어울리지 않는다고 솔직하게 이야기해준다.

b 내 스타일이 아니지만, 그 친구에게는 어울린다고 이야기해준다.

c 친구가 물어보기 전까지는 아무 말도 하지 않고, 친구에게 이 옷이 마음에 드는지 물어본다.

4 점심시간에 반 친구가 여러분의 친구를 괴롭혔고, 이것으로 인하여 그 친구가 매우 힘들어 합니다. 이 상황에서 여러분은 어떻게 할 것인가요?

a 별일 아니니까 그냥 잊어버리라고 친구에게 말한다.

b 그 친구에게 똑같이 나중에 갚아주라고 말한다.

c 친구가 말하는 것을 들어주고 기분을 풀어주려고 한다.

만약 대부분의 질문에 a를 선택했다면, 여러분은 진정으로 친구를 존중하는 법이 무엇인지 잘 모르고 있습니다. 대부분의 질문에 b를 선택했다면, 상대방을 존중하는 법에 대하여 배우는 과정이지만 아직 정확하게 잘 모르고 있습니다. 마지막으로, 대부분의 질문에 c를 선택했다면, 여러분은 상대방을 존중하는 법에 대하여 잘 알고 있습니다.
이 질문들을 되새겨보면서 여러분이 진정으로 친구를 존중하고 있는지 스스로 확인해보길 바랍니다.

55 어느 누구도 지적당하는 것을 좋아하지 않는다.

> 저는 친구들이 실수할 때마다 지적하곤 했어요. 저의 지적 때문에 친구가 정말 화가 났을 때야 비로소 잘못된 행동이란 것을 알았습니다.
>
> – 카시디, 9세

물론 여러분은 평범한 친구들에 비해 더 많은 것을 알고 있어 오류나 실수를 더 빨리 발견할 수 있을 것입니다. 예를 들어, 친구가 하는 말에 오류가 있거나 선생님이 의도하지 않게 실수를 하는 경우 그리고 어머니가 아버지에게 하는 이야기가 조금 전 어머니 친구와의 통화 내용과 다를 경우 이를 금방 발견할 것입니다

여러분은 이런 모든 것을 알아차릴 수 있지요.

하지만 오류를 발견했다고 해서 항상 지적해야만 하는 것은 아닙니다. 앞에서 말한 것처럼 모든 사람에겐 결점이 있으며, 실수하기 마련이죠. 세상의 이치가 그런 것입니다. 심지어 사람들은 실수로 잘못된 것을 말하기도 하고 때론 거짓말을 하기도 합니다. 대부분의 경우 의도한 것이 아니라 어쩌다 보니 그렇게 된 것입니다.

그리고 여러분에게도 이와 같은 일이 일어나기도 한다는 것을 알고 있나요? 여러분도 실수를 하고, 틀린 답을 말하기도 하며, 때론 거짓말을 할 때가 있어요. 그렇지 않나요?

이러한 상황에서 만약 누군가가 여러분을 끊임없이 지적한다면 기분이

어떨까요? 네, 맞아요. 아마 기분이 아주 좋지 않을 것입니다. 바로 이 감정이 여러분이 지적했을 때, 친구들이 느끼는 감정입니다.

그러므로 오류를 지적하기 전에 한 번 더 생각해보세요. 친구에게 상처를 주진 않을지, 지적하고 넘어가야 할 만큼 꼭 친구가 알아야 하는 사항인지 말입니다. 물론, 가끔은 잘못된 것을 말해주어야겠다고 마음먹을 수도 있어요. 하지만 대부분의 경우, 친구들의 실수가 지적할 만큼 중요한 것은 아니라는 점을 알게 될 것입니다.

56 다른 친구들에게 리더가 될 수 있는 기회를 주어라.

> 저희 아빠는 항상 제게 다른 친구들도 리더가 될 수 있게 기회를 주라고 말씀하셨어요. 하지만 리더 자리를 양보하기가 쉽지 않아요. 아마도 절망적인 기분이 들 것 같아요.
>
> – 아마니, 8세

여러분은 타고난 리더입니다. 왜냐하면, 어떤 상황이든지 항상 책임지기를 좋아하고, 친구들 사이에서 관심의 대상이 되기를 원하기 때문입니다.

물론, 대부분의 경우 이것은 좋은 현상입니다. 여러분에게 그룹 리더로 책임을 지우면 그 그룹의 활동이 잘 이루어질 것이란 점을 선생님은 알고 있습니다. 친구들도 같은 생각일 것입니다. 수업 시간의 과제나 숙제를 여러분에 의해 빨리 끝낼 수 있고, 자신들은 노력을 많이 하지 않아도 된다는 생각에 여러분이 그룹의 리더가 되는 것을 좋아합니다.

대부분이 이런 식이지요. 하지만 때때로 친구들 중에는 여러분처럼 리더 역할을 하고 싶어 하는 친구가 있습니다. 과제를 구성하거나 계획하고 싶어 하며, 그룹의 리더로서 선두에 서고 싶어 할 것입니다.

사실, 친구들도 리더가 되고 싶어 하고 또 될 필요가 있지요.

이러한 점에 관하여 섬세하게 배려하는 자세가 필요합니다. 친구들에게도 빛날 수 있는 기회를 주세요. 친구들도 여러분만큼 이러한 대우를 받을 가치가 있답니다.

57 가끔은 친구들이 활동을 선택할 수 있게 하여라.

친구하고 누가 무엇을 할지, 누가 먼저 할지, 게임의 규칙은 어떻게 할지와 같은 사소한 일들로 말다툼하지 않을까 걱정이 되어 친구 집에 놀러 가는 것을 꺼린 경험이 있나요? 아마, 여러분에게 자주 일어났겠죠. 심지어 여러분이 그런 언쟁을 시작한 당사자일 때도 많았을 것입니다.

앞서 말했듯이, 다른 친구들이 리더가 될 수 있도록 양보하는 것은 아주 중요해요. 어떤 놀이를 할 것인지, 규칙은 어떻게 정할 것인지 등에 대해 친구에게 결정권을 주는 것 또한 중요합니다.

그러한 결정권을 양보한다는 것이 힘들다는 것을 압니다. 특히 친구가 여러분이 원하지 않는 것을 하려고 할 때 더 그렇겠지요. 하지만 친구 관계를 유지하고 싶다면 여러분은 타협하는 것을 배워야만 합니다. 이것은 가끔씩 친구들이 원하는 대로 해줄 필요가 있다는 것을 의미해요. 만약 모두가 돌아가면서 어떤 일에 대한 선택권을 공평하게 갖는다면, 친구 관계는 더 좋아지고 더 끈끈해질 것입니다.

어떤 친구들은 게임을 할 때나 이야기할 때 항상 모든 것을 자기가 하고 싶은 대로 하려고 해요. 저는 사람들이 실수를 할 때 지적을 하곤 했어요. 친구가 화가 났다는 것을 알았을 때 이러한 행동을 하지 않게 되었습니다.

– 칼렙, 12세

58 문제를 만드는 사람보다 해결하는 사람이 되어라.

어떤 관계에서든 문제가 생길 수 있어요. 그것을 꼭 피할 필요도 없고, 또 그런 문제가 무조건 나쁜 것만은 아닙니다. 오히려 친구들과의 관계에 대해 새로운 것을 배워나가는 기회이기도 하고, 우정이 더 깊어지고 강해지는 계기가 되기도 하죠.

하지만 여러분이 이 문제를 어떻게 해결하느냐가 중요합니다. 즉 우정이 계속 지속될지 아니면 우정이 깨질지는 이 문제를 처리하는 여러분에게 달려있어요.

친구 관계에서 생기는 문제를 다루는 데는 두 가지 방법이 있습니다. 첫 번째 방법은 누가 맞고 그른지를 따져서 비난하는 것에 초점을 두는 것이고, 두 번째 방법은 그 문제를 해결하는 데 초점을 두는 것입니다. 이 두 방법을 동시에 사용할 수는 없어요.

누군가를 탓하기에 급급하다면 여러분은 누가 이 문제를 일으켰는지 신경 쓴다는 뜻입니다. 그러나 이것은 문제 해결에 전혀 도움이 안 됩니다. 장기적으로 볼 때 오히려 여러분의 기분을 나빠지게 하거나 친구 관계를 더 힘들게 하는 것입니다.

그러나 문제 해결에 집중하면 친구와의 우정을 더 강하게 하는데 도움이 됩니다. 이때 여러분은 서로 대화할 마음이 있어야 하고 서로의 이야기를 들어주며 해결 과정에서 타협할 의사가 있어야만 합니다. 문제 해결은 앞으로 나아가기 위해 둘 다 조금씩 잘못 되었다는 것을 기꺼이 인정하는 것입니다. 이 점을 염두에 두고서 친구와의 관계를 개선하기 위해 신경을 쓸 필요가 있어요. 이 말이 의미하는 것은, 여러분을 상처받게 한 일들을 기꺼이 접어두고 앞으로 어떻게 해야 서로의 마음을 상하지 않도록 할 수 있을지 생각해야 한다는 것입니다.

문제 해결사가 되라는 말의 뜻은 여러분이 그 상황을 다른 시각에서 바라보기 위해 노력하라는 것입니다. 물론 굉장히 힘든 일이지만, 바라보는 시각을 흔쾌히 바꾸고 친구의 관점에서 이해하고자 기울이는 노력은 어떤 문제든지 해결할 수 있다는 것을 잊지 마세요.

관점을 바꾼다는 것은 만화경과 같아서, 문제를 뒤집어보고 여러 방향으로 돌려보면서 다른 시각에서 바라보면 그 문제의 또 다른 해결책을 종종 찾을 수 있습니다.

여러분은 문제를 어떻게 해결하나요?
영재에 관해 무엇을 알고 있나요?

각 질문의 답에 v표를 하세요.

1 내 친구와 의견이 다르면 내가 왜 옳은지에 대해 그 친구를 설득해요.

□ 참 □ 거짓

2 친구가 짓궂은 말을 할 때, 이 친구와 더 이상 사이좋게 지내지 않아야겠다고 다짐해요.

□ 참 □ 거짓

3 친구들은 매사에 과잉반응을 보이는 편이에요. 이런 일이 있으면 친구의 실수를 지적해주고 다음에 그러지 않기를 바랄 뿐이죠.

□ 참 □ 거짓

4 어떤 문제들은 해결될 수가 없어요.

□ 참 □ 거짓

5 타협이란 내가 틀렸음을 다시 생각하게 된다는 뜻이에요.

□ 참 □ 거짓

이 질문들에 '거짓'이라고 답을 했다면 여러분은 훌륭한 문제 해결사가 되어가고 있다는 뜻입니다. 문제의 해결에 계속 노력하고 남의 잘못을 탓하는 일은 피하도록 하세요. 이러한 노력들이 여러분의 좋은 우정을 유지하는 데 도움이 될 것입니다.

59 친구들의 요구도 여러분의 요구만큼 중요하다.

우리는 많은 사람들과 서로 어울려 살아가요. 여러분은 아직 어리기 때문에 모든 사람들이 각자의 요구가 있다는 것을 이해하기가 쉽지 않아요. 특히 친구가 요구하는 것이 여러분이 원하는 것과 다를 경우에는 더 그렇겠죠. 여러분에게 질문 하나 던져봅시다. 여러분의 요구가 다른 친구의 요구보다 왜 더 중요한가요?

답은 그렇지 않다는 것입니다.

모든 사람의 요구는 똑같이 중요해요. 다른 사람의 마음을 상하지 않도록 하면서 여러분의 요구를 어떻게 충족시킬 것인지를 아는 것이 여기서 핵심이지요.

내가 무엇이 필요한지와 내가 무엇을 원하는지를 혼동해서는 안 됩니다. 놀이 공원에 갔을 때 놀이 기구를 빨리 타고 싶어 맨 앞줄에 서고 싶었겠죠. 이것은 '필요함'이 아니랍니다. 줄 맨 앞에 서지 못한다고 해서 여러분의 운명이 나쁘게 바뀌지는 않아요. 그러나 여러분이 몸이 좋지 않아서 기다릴 수 없는 상황이라면 줄 맨 앞에 서는 것이 이때는 '원함'이 아니라 '필요함'이 되는 거지요. 이 경우 오랫동안 줄을 서서 기다리는 것이 거의 불가능

> 우리 가족들은 정말 서로 잘 존중해줘요. 그래서 사람들이 존중심을 모를 땐 정말 속상해요.
>
> – 리사, 12세

하기 때문에 이때는 당연히 여러분이 제일 첫 줄에 설 수 있답니다. 만약 이와 같은 상황에서 맨 앞에 서 있는 여러분에게 누군가가 화를 낸다면 그것은 잘못된 행동입니다. 이처럼 '원함'이 '필요함'을 앞설 수 없다는 거지요.

따라서 여러분의 요구와 다른 친구의 요구 사이에 균형을 맞추려면 '필요함'과 '원함'의 차이점을 알아야만 해요. 그리고 알았다면 실천이 뒤따라야겠지요. 가끔 자신이 원하는 것을 포기한다는 것은 쉽지 않지요. 여러분이 '필요함'과 '원함'의 차이를 알게 된다면, 여러분의 요구를 충족하면서 동시에 다른 사람들의 요구도 존중할 수 있게 된답니다. 이것을 실천하는 것은 여러분이 생각하는 것만큼 힘든 일은 아니랍니다.

부모님들의 생각

부모님은 여러분이 친구 사이에서 종종 힘들어 하는 것을 알고 있습니다. 부모님은 여러분의 풍부한 리더십 자질을 잘 알고 있으며 이런 리더십 능력과 친구 관계를 균형 잡는 것이 얼마나 여러분에게 어려운 일인지도 잘 알고 있습니다.

- "제 아들은 시간을 낭비하는 것을 무척 싫어해요. 만약 과제 해결에 어려움이 있어 진전이 없을 경우 주변 친구들을 가르치려 하죠. '내가 리더야.'하는 마음가짐과 태도는 친구 사이에서 문제가 될 수 있죠." – 캐스린
- "제 딸은 자기 생각에 철이 덜 든 친구들과는 어울리지 않아요. 이런 친구들은 제 딸을 정말 짜증나게 하는데, 제 딸도 그들에게 대해 너그러운 마음이 없어요." – 켈리
- "제 아들은 무엇이든 늘 대장을 하려고 해요. 그렇지 못할 경우 친구들이 하는 것에 대해 조목조목 불평하죠. 이러다보니

결국 친구들이 그 자리를 포기하고 아들에게 넘겨주죠."

– 제프

"저는 사실 제 딸의 친구 관계에 대해 걱정이 많아요. 제가 보기에 딸이 친구들 사이에 끼어 어울리는 것이 힘들어 보여요. 어떤 날은 너무 보스처럼 굴거나 또 어떤 날은 극단적으로 자신은 아무 것도 하지 않은 채 친구들이 다 하도록 하죠. 중간점이 없네요." – 스코트

부모님과 친구 관계에 대해 이야기하는 시간을 가져보세요. 부모님들이 생각하는 여러분의 장점과 단점이 무엇인지 아나요?

대체로 좋은 친구가 된다는 것은 타협할 줄 안다는 것입니다. 이 장에 나오는 '감성 코칭'은 여러분의 요구가 묵살되지 않은 채 타협하는 방법을 알려줄 것입니다. 언제든지 친구들과의 관계가 힘들어지면 이 장을 참고하세요.

여러분은 어떻게 생각하나요?

다음의 질문들을 스스로에게 해보세요. 여러분이 하는 답 속에서 좋은 친구가 되는 방법을 찾을 수 있도록 도와줄 것입니다.

▶ 친구들을 존중하고 있음을 여러분은 어떻게 표현하나요?

▶ 여러분은 어떤 식으로 문제를 일으키나요? 그리고 이것을 해결하기 위해 어떤 노력을 하나요?

▶ 여러분은 '필요함'과 '원함'을 구별할 수 있나요? 주변의 친구들도 이 둘을 구별할 수 있나요?

8 나는 나!

사람들은 누구나 자신에게 맞는 친구들과 함께 있는 소속감을 느끼기를 원합니다. 하지만 여러분 중에는 이런 집단의식을 느낄 친구가 없는 사람도 있어요. 관심사가 다른 사람들로 둘러싸여 있다 보면 이들과 결코 어울릴 수 없다는 생각이 들죠.

어떤 친구들은 자신의 영재성을 숨기거나 자신의 다른 점을 사람들이 알아채지 못하도록 여러 사람들과 섞여 어울리려고 애쓰기도 합니다. 반면 다른 친구들은 여전히 자신의 영재성을 선생님과 친구들에게 심지어는 자기 자신에게까지 끊임없이 증명하려고 노력하기도 하죠.

> 영재성을 가졌다는 것은 다른 친구들과 다르게 세상을 볼 수 있다는 것을 의미하지요. 이것은 영재니까 무언가를 열심히 할 필요가 없다는 뜻이 아니죠. 난 평소에 최선을 다해 활동에 참여하고 있어요. 물론 열심히 했지만 결과가 좋지 않을 경우가 있어 실망스러울 때도 있어요. – 올리비아, 11세

여러분을 응원해주고 지지해줄 수 있는 친구들을 만나는 가장 좋은 방법은 여러분 그대로의 모습을 보여주는 것입니다. 그러나 있는 그대로의 모습을 보여주는 것이 무엇을 의미하는지 모른다면 이것은 참 어려운 일이 될 수 있지요.

이 장에서 나누는 이야기들은 여러분이 자기 자신을 이해하고 스스로에 대해 만족하며 친구들을 사귀는 방법에 대해 도움을 줄 것입니다.

60 다른 사람들에게 굳이 자신을 증명할 필요는 없다.

성장한다는 것은 힘든 과정의 연속입니다. 특히 여러분이 가진 재능을 많은 사람들에게 끊임없이 증명해야 한다고 가정한다면 더욱 힘든 일이겠지요. 여러분은 뛰어난 재능이 있음에도 불구하고 학교에서 여러 가지 어려움을 겪고 있을지도 몰라요. 예를 들어, 여러분보다 더 뛰어난 친구들에게 파묻혀 자신의 능력이 그들에게 미치지 못하는 것에 좌절할 수도 있지요. 또는 자신의 능력을 어떻게든 증명하기 위해 모든 일에 고군분투할 수도 있지요.

여러분이 누구인지 다른 사람에게 증명해야 할 필요는 없어요. 단지 여러분의 있는 그대로의 모습을 보이면 됩니다. 여러 사람들과 잘 어울리려고 노력하지 말고 다른 사람들이 무슨 생각을 하는지도 신경 쓰지 말아요. 앞에서 이야기했던 훌라후프법을 기억하나요? 여러분이 통제할 수 있는 것은 오직 자기 자신, 즉 여러분의 생각과 행동뿐입니다. 따라서 다른 사람들이 여러분을 어떻게 생각하느냐의 문제는 여러분이 조절할 수 있는 대상이 아니므로 그것까지 신경 쓸 필요가 없지요.

> 친구나 선생님에게 여러분의 재능을 '증명'할 필요는 없어요. – 크리스티나, 11세

61 자신에게 진실해라.

> 평범한 친구들과 어울리려는 노력을 절대 중단하지 마세요. – 매디슨, 11세

여러분의 영재성을 증명하려고 애써야 한다는 생각에서 일단 벗어나면, 이제 자기 자신에게 초점을 맞출 수 있어요. 어떻게 하면 그럴 수 있을까요? 먼저 여러분 자신에 대한 좋은 모든 점뿐만 아니라 여러분에게 특별한 의미에서 좋은 모든 것들을 알아보세요. 그리고 그것이 여러분에게 어떤 의미인지 생각해 보세요.

이 과정에서, 가끔은 여러분 자신에 대해 새롭게 발견한 것을 좋아할 때도 있고, 또 가끔은 그렇지 않을 때도 있을 것입니다. 이들을 어떻게 생각하고 이들에 대해 어떻게 반응할지는 여러분이 바꿀 수 있지만, 그렇다고 해서 이들 모두를 여러분 뜻대로 바꿀 수는 없어요. 이 점을 꼭 명심해야 해요. 예를 들어 볼까요? 여러분의 신체는 여러분이 바꿀 수 없는, 즉 생물학적으로 주어진 것입니다. 피부 색, 눈동자 색, 신체 조건처럼 여러분의 영재성도 여러분의 통제에 의해 바꿀 수 없어요.

이제 여러분의 영재성을 인정할 수 있나요? 여러분이 자신의 영재성을 바꿀 수 없는 것으로 받아들이고 인정하는 것처럼 다른 사람들도 여러분을 있는 그대로 받아들이고 인정할 것입니다.

62 영재성을 숨기려고 애쓰지 마라 소용없는 일이다.

내가 한때 알았던 소녀에 대해 잠시 이야기할게요. 그 소녀를 '앨리슨'이라고 합시다. 앨리슨은 학교에서 친구를 사귀기가 매우 힘들었어요. 그녀는 매우 영리했고, 보통의 친구들과 달리 3학년 학생들이 좋아하는 것에는 전혀 흥미를 느끼지 못했어요. 예를 들면, 학급 친구들은 앨리슨과 인형 놀이를 하고 싶어 했지만, 앨리슨은 과학 실험 교구를 가지고 놀기를 좋아했어요. 또 친구들은 동화를 읽는 것을 좋아했지만, 앨리슨은 셰익스피어와 같은 문학책을 읽었어요. 심지어 친구들이 공주 놀이를 하자고 하면 앨리슨은 의사 놀이를 하자고 했을 정도였어요.

결국 앨리슨은 학급 친구들과 잘 어울리지 못했어요.

외로움을 느낀 앨리슨은 어느 날 스스로를 바꾸기로 결심했고 친구들이 좋아하는 것들을 해보기로 했어요. 과학 실험 교구를 멀리하고, 셰익스피어를 읽지 않으며 의사 놀이도 하지 않았죠. 그리고 친구들이 좋아하는 것을 해보려고 노력했어요.

> 올해 목표는 저의 재능을 숨기려고 애쓰지 않고 인정하는 것이에요. – 사바나, 14세

어떤 일이 벌어졌을 것 같나요? 앨리슨에게 친구가 생겼을까요? 앨리슨은 진심으로 행복했을까요? 맞습니다. 그녀는 불행했어요. 친구들이 앨리슨과 어울리는 동안 그녀는 자신이 마음

에 들지 않는 행동이나 놀이를 억지로 할 수는 없었어요. 결국 앨리슨은 자신이 좋아하던 것, 관심 있던 과학 실험 교구, 셰익스피어와 같은 문학책으로 되돌아갔어요. 앨리슨은 다른 사람들과 어울리면서 그들에게 맞추기 위해 자신을 바꿀 수가 없다는 것을 깨달았던 거죠. 다행히 지금 앨리슨은 그녀의 독특한 면과 취향을 이해해주는 친구를 만났답니다.

이제 여러분은 자신의 영재성을 인정하고 받아들여야 한다고 생각하나요? 아니면 여전히 영재적 재능을 숨겨야 한다고 생각하나요?

63 친구들의 감정도 인정하여라.

친구를 사귀고 그 관계를 유지하는 것은 단순히 여러분을 이해해줄 사람을 찾고 여러분 자신을 있는 그대로 받아들이는 것보다 더 많은 노력이 필요합니다. 또 친구들을 이해하고 그들의 감정도 수용하려는 자세가 요구됩니다.

친구들도 여러분처럼 생각과 감정의 변화가 많답니다. 그들에게 좋은 친구가 되기 위해서는 여러분 자신의 생각과 감정을 있는 그대로 인정한 것처럼 친구들의 영재성이나 생각, 감정도 인정하는 법을 배워야 해요.

특히 여러분 자신의 영재적 본성에 대해 정말 편안함을 느끼지 않는다면, 친구 관계에서도 문제가 생길 수 있답니다. 가끔 친구가 여러분의 행동을 거울처럼 따라하는 경우가 있습니다. 영재적 본성에 불편해하는 여러분이라면 친구의 이런 행동에 화가 나서 흥분하거나 부끄럽기도 하고, 가끔은 죄의식도 느낍니다. 그 친구의 잘못이 아닌 데도 아무 잘못 없는 그 친구에게 화풀이를 합니다. 친구의 행동에 비친 여러분 자신의 행동에 여러분이 당혹스러워 하는 것입니다.

다음번에는, 친구의 감정을 있는 그대로 받아주세요. 친구의 행동에 당황하거나 실망하지 말고 있는 그대로 이해해주세요. 친구에게 여러분이 얼마나 그의 감정을 잘 이해하고 지지하는지를 보여주세요. 이런 마음이면 친구들도 여러분을 이해한답니다.

그것 아세요? 친구의 감정을 받아주는 가장 쉬운 방법은 친구의 행동이 아니라 그의 장점에 주목하면 된다는 사실! '우정카드 만들기'는 여러분이 친구의 장점을 찾는데 도움이 될 것입니다.

우정 카드 만들기 : 친구들의 장점

1 빈 종이의 앞면에 친구 한 명의 이름을 적어서 그 친구의 좋은 행동이나 장점을 모두 적어 보세요. 이것은 그 친구가 여러분에게 좋은 친구라는 점을 기억하게 도와줍니다.

2 그 종이 뒷면에 친구가 기분이 좋지 않았을 때 여러분이 그 친구의 기분이 좋아질 수 있도록 돕는 방법을 적어 보세요. 적어도 세 가지 이상은 적어야 해요.

3 친구마다 위 과정을 반복하세요(독서카드를 사용하면 좋습니다).

4 친구를 생각하면 떠오르는 이미지가 있겠죠. 그 이미지를 그려 보세요. 이때 그 친구의 특징이나 장점에 초점을 맞추면 돼요. 친구가 수영하는 걸 좋아한다면 수영하는 그림을 그려도 좋고, 책 읽는 것을 좋아한다면 책 그림을 그리면 되지요.

5 만든 우정카드를 잘 보관하세요. 친구의 행동 때문에 기분이 상하고 화가 좀 날 때, 이 우정카드를 꺼내 읽어보면서 친구가 왜 그렇게 행동을 했고, 왜 여러분은 화가 났을지 생각해보세요. 그러면 친구가 다시 편한 기분과 마음이 될 수 있도록 돕는 방법이 떠오를 거예요.

64 친구들을 이해하려고 노력해라.

우정카드를 만드는 것은 여러분과 친구들을 하나로 묶어줄 수 있는 좋은 방법입니다. 진심으로 친구를 이해하려고 하면 우정이 더 견고해지고, 원만한 친구 관계를 유지할 수 있어요. 그러나 친구를 이해하는 것이 쉽지는 않아요. 나의 관점이 아니라 상대방의 관점에서 생각해야 하기 때문이지요. 그러다보니 많은 사람들, 심지어 어른들까지도 이렇게 하는 것이 결코 쉽지 않아요.

친구의 눈을 통해 세상을 바라본다는 것은 그 친구가 왜 그런 행동을 했는지 이해하려는 것입니다. 이 말은, 친구의 행동에 대해 어떤 추측도 하지 말고 그 행동을 이해하는 시간을 가지라는 뜻이죠.

사람들이 왜 그렇게 행동할까를 알 수 있는 가장 쉬운 방법은 그들에게 묻는 것입니다. 만약 친구가 여러분을 힘들게 하는 점이 있다면 그 부분에 대해서 물어보는 것이 좋아요. 친구가 '흥분했구나!', '화가 나 있구나!'라고 생각하지 말고, 또 친구의 행동에 대해 미루어 짐작도 하지 마세요. 대신 물어보세요. 여러분에게 왜 그런 말과 행동을 했는지, 왜 그렇게 화가 났었는지 등을 친구가 말하게 하세요.

> 사람들이 나를 이해하기 바란다면 먼저 그들을 이해하려고 해야죠. – 엠마, 9세

여러분이 먼저 친구를 이해하고자 노력한다면 친구 사이에서

일어나는 오해의 대부분이 쉽게 해결될 거라고 생각해요. 이렇게 된다면 물론 친구들도 여러분을 이해하기 위해 노력을 하겠지요?

처음에 말했듯이 친구가 여러분을 힘들게 하는데 그 친구를 이해하려고 노력하는 것은 정말 쉬운 일이 아닙니다. 그러나 친구를 먼저 이해하는 것이 문제를 해결하고 우정을 유지하는 가장 좋은 방법이라는 점은 변함이 없답니다. 기억하세요. 모든 사람은 이해받기를 원한다는 것을!

65 공통의 관심거리를 찾아라.

영재들의 경우 비슷한 관심거리를 가진 친구를 만나기가 참 어렵습니다. 그래서 취미나 흥미가 비슷한 친구를 찾기보다 주변의 친구들 속에서 그냥 편하게 어울리려고 하죠.

여러분이 좋아하는 것을 같이 좋아하거나 비슷한 관심사를 가진 친구를 어디서 만날 수 있을까요? 먼저 학교에 있는 동아리나 클럽에서 찾아보는 것이 어떨까요? 그 다음, 여러분이 많은 시간을 보내는 다른 곳, 예를 들어 교회나 스포츠 동아리, 스카우트 등으로 범위를 넓혀보세요. 다양한 모임에서 만나는 친구들과 어울리도록 노력해보세요. 물론 모든 장소에서 친구들을 찾을 수 있다고 장담하는 것은 아닙니다. 하지만 한 가지는 분명하죠. 이러한 시도를 하지 않는다면, 여러분은 새로운 친구를 사귀지 못한다는 것입니다.

새 친구 찾기

1 한 주 동안 여러분이 참여한 활동을 아래 표에 적어 보세요.

	활동	친구 이름
학 교		
교 회		
운 동		

2 각 영역마다 친구 또는 친구가 되고 싶은 사람의 이름을 세 명씩 적어보세요.

3 여러분이 쓴 목록을 들고 부모님과 함께 이야기를 나눠 보세요. 그리고 친구들과 함께 어울릴 수 있는 시간을 마련해 보세요.

4 목록에 쓴 친구와 조금 친해진 후에는 그 친구와 함께 하고 싶은 일을 적어 보세요. 물론 그 친구도 여러분과 하고 싶은 것을 적어야 해요. 그렇게 한 다음, 그 종이를 서로 바꾸어 보세요. 여러분이 하고 싶은 것과 친구가 하고 싶은 것에서 공통적인 것이 있나요? 이 방법은 여러분의 관심거리를 넓혀줄 좋은 방법입니다.

5 '새 친구 찾기' 라는 이 방법을 틈나는 대로 연습해 보세요. 이 방법을 사용하면 새 친구와 서로 쉽게 친해질 수 있고, 이 친구와 함께 할 수 있는 것을 쉽게 찾을 수 있을 거예요.

66 여러분을 이해해주는 친구를 만나라.

누구나 살아가는 동안 자신을 지원해주는 친구의 존재가 필요하지요. 친구를 이해하고 공통 관심거리를 찾는 동안 친구 사이의 우정은 더욱더 견고해지지요. 이런 친구들은 여러분에게 어떤 어려움이 생기더라도 여러분을 지지하고 응원해주며 믿어주는 존재가 됩니다.

물론 어려운 일을 슬기롭게 헤쳐나갈 수 있도록 도움을 주기도 해요. 예를 들어 볼까요? 시험 점수가 나빠서 울 때 기댈 수 있는 어깨를 빌려주며 여러분의 기분에 공감해줄 것입니다. 또 어려운 과제를 해결하느라 힘들어할 때는 스터디 그룹이 되어 함께 고민하며 해결할 수 있는 아이디어를 줍니다. 새로운 것을 시도할 때면 치어리더처럼 응원을 해줄 것이고, 일이 꼬여서 잘못될 때는 위로도 해줄 것입니다.

제 이야기에 '친구 수가 많아야겠구나!'라고 오해를 할 수도 있겠네요. 하지만 여러분을 진심으로 이해해주는 몇 명의 친구만 있으면 됩니다. 친구의 수는 전혀 중요하지 않아요. 다시 말해, 우정의 깊이가 중요하지 수가 중요한 것이 아니랍니다.

> 나를 믿어주는 친구가 있다는 것은 중요해요. 만약 그런 친구가 없다면, 계속 새로운 친구를 사귀어야 할지도 몰라요. – 테레사, 13세

그러나 명심해야 할 것이 있어요. 시간의 흐름에 따라 사람들은 변한다는 사실! 그건 자연스러운 일이에요. 3학년 때 정말 친했던 친구와 비슷한 점도 많았

고, 관심거리도 비슷했지만 시간이 지나 5학년이 되었을 때 서로 생각이 달라지고 이야기가 안 통할 때도 있어요. 그래서 여러분의 우정이 흔들리며 친구 사이가 멀어지는 경험을 할 수도 있지요. 하지만 이러한 사실을 있는 그대로 인정하세요. 한번 맺어진 우정이 나이가 들어가면서도 지속되기도 하지만 헤어지고 또 새로운 친구를 만나는 일이 반복되는 것은 당연한 일이랍니다.

우정 그 자체 또는 친구 관계에서 얻을 수 있는 긍정적인 면만 생각하세요. 만약 여러분의 친구와 우정에 문제가 생기더라도 당황하지 마세요. 변함없이 우정이 지속될 수 있는 친구도 있는 반면 서로의 관심사가 달라서 친구 관계가 소원지기도 하는 친구도 있어요.

중요한 것은 여러분을 진심으로 이해해 줄 친구를 만나는 것과 그 관계를 지속할 수 있도록 여러분 스스로도 노력해야 한다는 사실입니다.

67 자기 자신을 너무 심각하게 생각하지 마라.

가끔 친구 사이가 멀어져 우정에 금이 가기도 합니다. 이것은 사람이 변했거나 관심거리가 변했기 때문이 아니에요. 친구 사이는 훨씬 더 단순한 이유, 예를 들어 여러분 자신에게 너무 엄하다든지, 친구가 여러분의 기분을 맞춰주기를 원한다든지 또는 친구에게 많은 것을 기대할 때 멀어지지요.

영재들은 어떤 일이든지 지나칠 정도로 심각하게 받아들이는 경향이 있어요. 깊게 생각하는 것은 살아가는 동안 남들보다 더 멀리 보고 더 크고 어려운 일을 한다는 것을 의미해요. 자기 자신, 가족, 친구들은 여러분이 영재이기에 큰 성과를 거두길 기대할 거예요. 그러다보니 잘못이나 실수를 용납하지 않는 거죠.

사람들 사이의 '관계'는 수학 문제처럼 정답이 있지 않아요. 그래서 이런 관계에 대한 답이란 좀처럼 찾을 수 없지요. 사람들과의 관계는 거미줄처럼 복잡하게 얽혀 있어요. 그렇다면 이런 관계를 잘 유지하는 방법은 없을까요? 먼저, 자기 자신에 대해 심각할 정도로 진지하게 대하는 자세를 멈추세요. 앞에서도 말한 것처럼 사람들은 누구나 결점이 있는 존재입니다. 본인이나 친구들에 대해 조금 느긋하게 생각하세요. 그리고 사람들의 실수를 받

> 어렸을 때 저 자신과 친구들을 편하게 대하는 법을 알았더라면 좋았을 거예요. 그랬다면 많은 일에 도움이 되었을 겁니다. – 로지, 13세

아들이세요. 또 다른 사람처럼 자기 자신에 대한 실수도 인정하세요.

하늘을 보고 한 번 웃어볼까요? 웃음거리와 유머를 찾아보세요. 마음이 조금 여유로워질 것입니다.

여러분이 긴장을 풀고 그날 그때 그 상황에서 친구의 행동이나 모습을 있는 그대로 받아들일수록 그들을 더 잘 이해하게 되고 관계도 좋아질 것입니다.

68 괴롭히거나 왕따시키는 친구들을 다루는 법을 배워라.

친구를 괴롭히거나 왕따시키는 학생들에 대해, 그리고 그들을 다루는 법에 대해서라면 책 한 권을 쓸 만큼 할 이야기가 많아요. 영재인 여러분은 어떠한 형태로든 누군가 자신을 괴롭히거나 왕따로 삼으려 한다는 것을 잘 알 겁니다. 반대로 여러분이 다른 친구를 괴롭히거나 왕따시키는 사람이었을지도 모르겠네요. 어느 경우든, 괴롭힘은 여러분의 생활에서 나타나는 자연스런 현상입니다.

그렇다면 괴롭힘이나 왕따에 대처하는 좋은 방법은 무엇일까요? 먼저, 괴롭힘이나 따돌림에 해당하는 행동과 그렇지 않은 행동을 구분하는 것이 중요합니다. 괴롭힘이나 따돌림의 여부를 결정할 때 법적으로 사용하는 중요한 세 가지 질문이 있습니다.

- 괴롭히는 사람이 피해자보다 우월한 힘을 가지고 있는가?
- 어떤 형태의 공격(예를 들어, 신체적 공격 혹은 감정적 공격)이 발생했는가?
- 피해자는 괴롭히는 사람의 공격 행동이 계속될 것이라고 생각하는가?

만약 이 세 가지 질문에 '예'라고 답한다면, 여러분은 괴롭힘이나 따돌림을 당하고 있을 가능성이 높다는 것을 의미합니다.

어떤 사람이 다른 사람을 괴롭히는 전형적인 유형에는 세 가지가 있는

데, 신체적 괴롭힘, 언어적 괴롭힘, 그리고 관계적 괴롭힘입니다(Coloroso, 2009). 그럼 이들 각 방법에 대해 간략하게 살펴봅시다.

- 신체적 괴롭힘: 대부분의 사람들이 괴롭힘이라고 생각하는 유형입니다. 이것은 학교에서 가장 많이 일어나는 유형으로 고의적으로 치거나 밀치기, 소지품 망가뜨리기, 그리고 신체적 공격 행동 등이 여기에 해당합니다.
- 언어적 괴롭힘: 괴롭힘의 가장 흔한 유형으로 보통 문제의 발달 소지가 됩니다. 가볍게 넘어가기가 쉬운데, 많은 선생님이나 학교 관계자들이 정상적인 아동기의 짓궂은 말장난 정도로 여기기 때문이지요. 언어적 괴롭힘에는 놀리기, 험담하기, 욕설하기, 그리고 사이버상의 괴롭힘 등이 있습니다. 이러한 형태의 괴롭힘에 대해 초기에 대응하지 않으면 신체적 괴롭힘과 관계적 괴롭힘으로 발전합니다.
- 관계적 괴롭힘: 피해 정도를 감지하기 가장 어려운 형태의 괴롭힘으로 가장 피해가 큰 유형입니다. 이러한 유형의 괴롭힘은 관계를 끊어버리는 것으로 여학생들 사이에서 많이 나타나지요. 상대방을 고의로 제외시키는 것, 피하는 것, 무시하는 것 등으로 다른 형태의 괴롭힘보다 감정을 많이 다치게 합니다.

그렇다면 여러분이 할 수 있는 일은 무엇일까요? 무엇보다도 먼저 명심해야 할 것은 괴롭힘이나 따돌림에 대해 여러분이 어떤 마음 자세를 갖느냐입니다. 괴롭힘, 특히 관계적 괴롭힘이 일어나는 일부 이유는 괴롭힘에 대해 여러분이 어떤 것도 할 수 없다고 생각하기 때문입니다. 희망도 없고, 친구도 없이 혼자 버려진 느낌, 그것은 누구도 느끼고 싶지 않은 것이죠.

하지만 이 괴롭힘이나 따돌림에 대해 여러분이 할 수 있는 무엇인가가 있어요. 무엇보다도 여러분을 괴롭히는 친구의 행동 때문에 몸과 마음이 상처받지 않도록 해야 해요. 여러분의 힘으로 불가능할 경우, 괴롭히는 학생을 신고할 수도 있어요. 특히 괴롭힘을 당하는 직접적 피해자가 여러분이거나 주위 친구가 괴롭힘을 당하는 것을 목격했다면 더욱 그렇습니다. 괴롭히는 학생들은 계속해서 괴롭힙니다. 따라서 그 고리를 끊지 않으면 괴롭힘이 끝이 나지 않아요. 괴롭힘을 당하더라도 그 상황에서 신고를 하거나 괴롭힘에서 벗어나려고 시도하는 것이 쉽지 않아요. 두렵기 때문이지요. 여러분도 똑같은 마음일 거예요. 복잡한 상황에 휘말리기 싫고, 피해자가 되는 것을 두려워하며, 고자질쟁이처럼 보이는 것이 싫을 거예요.

하지만 여러분을 괴롭히는 학생들은 반드시 신고해야 합니다. 그렇게 하지 않는다는 것은 그들의 행동이 괜찮다고 묵인하는 것이지요.

괴롭힘이란 어떤 것인지 알아야 합니다. 여러분은 어떤 형태의 괴롭힘으로도 친구에게 피해를 주지 않아야 합니다. 그리고 괴롭히는 장면을 보거나 괴롭힘을 실제 당한다면 누구에게 이야기할 것인지, 또 어떤 도움을 받을 수 있는지 알아야 합니다. 여러분이 상황에 대한 통제권을 가져야 괴롭힘 행동을 멈출 수 있답니다.

괴롭힘 신고를 위한 조언

1 괴롭힘과 괴롭힘이 아닌 것을 구분할 수 있어야 합니다. 여러분이 어리다면 짓궂게 놀리는 것이 괴롭히는 것으로 느껴지지 않을 수 있어요. 만약 괴롭힘을 명확하게 구분하기 어렵다면 부모님이나 선생님에게 도움을 요청하세요.

2 여러분 학교에서는 괴롭힘 신고 방법이 익명성을 보장하는지 알아보세요. 그렇다면 그것을 이용하세요.

3 만약 괴롭히는 아이를 익명으로 신고하는 방법이 없다면, 그 문제에 대해 부모님께 이야기를 하세요. 이런 것까지 굳이 부모님께 알려야 하는지 고민할 수 있지만, 상황을 실제로 개선시키는 유일한 방법이기도 합니다.

4 여러분이 괴롭힘을 받는 대상이었다면 지금까지 겪은 나쁜 감정들을 치유하기 위해 훌라후프법을 사용하거나 부모님, 친구들과 자신의 감정에 대해 충분히 털어놓는 시간을 가지세요.

5 여러분이 받은 고통과 상처 때문에 다른 친구들을 절대 괴롭히지 마세요. 너무 힘들어 제정신이 아닌 경우 특히 이러고 싶을 수 있어요. 괴롭히는 아이들의 80% 이상이 과거에 괴롭힘을 당했다는 사실이 이것을 말해줍니다. 따라서 혹시 여러분이 괴롭힘을 당한 경험이 있다면, 그때의 기분이 어땠는지를 기억하고 어떤 이유에서든 괴롭히는 아이 중의 한 명이 되지 않도록 해야 합니다.

부모님들의 생각

관계, 우정, 괴롭힘을 다루는 것은 여러분만 힘든 것이 아닙니다. 그것은 보통 부모들에게도 어려운 일입니다. 부모들이 생각하는 것을 한 번 들어보면 깜짝 놀랄 겁니다.

- "우리 애들이 직접 괴롭힘을 당한 적은 없지만, 딸애의 경우 자기가 불공평하게 대우받고 있다고 생각되면 정말 화를 냅니다. 학교를 마치고 집에 오자마자 그것 때문에 운 적이 많아요." – 라쉐드
- "다행히 우리 아이들은 흥미와 관심을 공유하는 좋은 친구들을 만났어요. 친구들끼리 서로 지지해주고, 도와주며, 잘 어울

리는 모습에 그저 감사하지요." – 린앤

- "가끔씩 우리 딸은 친구들과 어떻게 이야기를 나누어야 하는지, 어떻게 친구를 대해야 하는지에 대해 고민하는 것 같아요. 친구 관계에 있어서 성숙함이 필요한데, 자주 친구들 때문에 짜증을 내 속이 상하네요." – 차라
- "아들이 다르다는 것을 인정하기까지 힘든 시간을 보냈어요. 학교에서 만나는 대다수의 친구들과 다르게 생각하고 다르게 말하며 다른 관심사를 가졌죠. 적응하지 못해 아들이 많이 울었던 것을 기억해요. 아들에게는 매우 힘든 시기였지요." – 안드리아

친구에 대해 부모님과 이야기를 나누어 보세요. 만약 어떤 식으로든 괴롭힘을 당하고 있다면 더더욱 이야기를 나누어야 해요. 부모님은 여러분이 무엇을 생각하는지 알기를 원하고, 여러분 또한 부모님의 생각이 무엇인지 알아야 할 필요가 있습니다.

좋은 친구가 된다는 것은 친구가 여러분을 화나게 하는 일이 있더라도 왜 그런지 이유를 알아보며 관대해지려고 노력하는 것을 의미합니다. 반대로 여러분의 친구 역시 여러분의 독특한 영재성을 인정해주는 것을 의미하지요. 친구끼리 서로 고마워하고 여러분 자신에 대해서도 고마워하는 마음을 가지세요. 그러면 평생에 걸쳐 좋은 친구 관계를 유지하는 여러분 자신을 보게 될 것입니다.

여러분은 어떻게 생각하나요?

친구 관계, 여러분 자신, 그리고 괴롭힘에 대해 잠시 생각할 시간입니다. 시간이 지남에 따라 변하는 견해와 친구 관계를 생각하면서 다음 질문에 대답해보세요.

- 여러분은 자신에 대해서 얼마나 편안하게 느끼나요? 자신의 장점과 단점이 무엇인지 알고 있나요? 그 장점과 단점을 어떻게 활용하나요?

- 여러분의 친구들에 대해서 편안함을 느끼나요? 그들의 장점과 단점을 알고 있나요? 그 장점과 단점을 어떻게 활용하나요?

- 괴롭힘을 당하거나 괴롭히는 장면을 목격한 적이 있나요? 그때 무엇을 했나요? 지금이라면 어떻게 할 것 같나요?

9 무엇이 '평범함'인가?

사회성을 크게 키우고 다른 사람의 능력이나 가치를 올바르게 인정하는 것을 배우게 되면 자신의 능력이나 가치의 진가도 알게 됩니다. 여러분이 다른 사람과 차별성을 두려는 행동을 멈추고, 다른 사람을 자기 입맛에 맞도록 바꾸려는 것을 그만둘 때 바로 그때가 여러분이 사회적 관계에서 편안함을 느끼게 되고, 그때가 여러분이 강하게 되는 때입니다.

> 평범함이란 절대로 존재하지 않아요.
>
> – 케인, 12세

69 있는 그대로의 여러분을 인정하라.

여러분은 많은 재능을 가진 사람입니다. 지적 능력이 뛰어나고 천부적인 학습능력을 가지고 있지요. 아주 어려운 과제에 스스로 몰두하기를 좋아하지요. 그에 비해 글을 쓸 때 너무 쉬운 단어를 틀리기도 하지요. 또 세상일에 대해 관심이 많고 진지하지만 때로는 소소한 일에 즐거워하며 웃기도 하지요. 행복과 불행, 슬픔의 감정 교차가 너무 빨라 균형된 감정 상태를 유지하기 힘들기도 하지요. 그리고 여러분은 주변 모든 것에 아주 세심합니다.

여러분이 가진 이러한 모든 성향을 인정하기란 때때로 쉬운 일이 아닙니다. 모든 일을 너무 심각하고 엄격하게 생각하는 성향을 버리지 못하고 있는, 그리고 자신의 영재성에 대해 끊임없이 의심하거나 꼬리에 꼬리를 무는 생각들로 혼란스러워하는, 그런 자신의 모습과 마주하기도 합니다. 여러분이 가진 이런 자연스러운 성향을 좋은 쪽으로 생각해서 받아들이는 것은 쉽지 않을 것입니다.

'있는 그대로의 여러분을 인정하라'는 것은 여러분의 단점이나 부족한 점도 인정하고 받아들이라는 뜻입니다. 그것은 여러분의 단점이나 부족한 점을 긍정적으로 대하라는 의미이기도 하지요. 예를 들어, 아주 심각하고 엄격하게 생각하는 성향은 끈기 있음이란 단어로 바뀔 수 있고, 의심은 자기반성의 단어로 바뀔 수 있으며, 집중은 열정이란 단어로 대체할 수 있습니다. 바뀐 이 단어들은 모두 훌륭한 자질을 표현하는 단어들입니다. 이 뛰어난 자질과 성향들을 여러분 것으로 만드는 것이 쉽지는 않겠지만, 여러분 자신이 얼마나 좋은 자질을 가지고 있는 사람인지를 이 단어들이 잘 표현하고 있습니다.

나의 장점 바로 알기

1 여러분의 장점이라고 생각하는 것을 세 가지 이상 나열해 보세요. "나는 누가 시키지 않아도 집안일이나 심부름을 스스로 잘 한다." 또는 "약속을 하면 나는 꼭 지킨다."와 같은 것이 포함될 수 있어요. 학교, 친구, 가족과 관련된 여러분의 장점을 적어 보세요.

___

___

___

2 여러분의 단점이라고 생각하는 것을 세 가지 이상 나열하여 보세요. "나는 과제를 하는데 시간이 많이 걸린다." 또는 "나는 가끔 친구들에게 고함을 친다." 등이 포함될 수 있어요.

___

___

___

3 단점을 기록한 목록을 읽어 보세요. 그 중에서 긍정적인 것으로 바꿀 수 있는 것이 있나요? 예를 들어, "나는 과제를 하는데 시간이 오래 걸린다."를 장점이 되도록 고쳐 쓸 수 있나요? (예를 들어, "나는 과제를 끈질기게 한다. 그리고 최선을 다하려고 애쓴다."와 같이 말이죠.)

4 단점이란 우리가 잘 다루지 못하는 장점임을 기억하세요. 긍정적인 면에 초점을 맞추도록 노력해보세요.

5 브레인스토밍을 통해 여러분이 가지고 있는 단점을 개선시킬 수 있어요. 만약 과제를 하는데 시간이 오래 걸린다면 그것의 긍정적인 속성을 찾아

보세요. 그러면 그것을 좋게 만드는 방법을 찾을 수 있답니다. 예를 들어, 시간이 오래 걸리는 것은 여러분의 끈기를 보여준다는 점에서 장점이 되지요. 어떤 단점은 신경쓰지 말고 그냥 흘려버리는 것이 좋고 과제하는 시간이 오래 걸린다면 타이머를 사용하는 것도 단점을 극복하는 좋은 방법일 수 있어요.

6 여러분 스스로 단점이 많은 사람이라는 생각이 들 때마다 여러분의 이 장점들의 목록을 읽으세요.

시간이 지남에 따라 자신의 장점과 단점이 바뀌게 되면 이 목록들을 다시 고쳐 적으세요. 모든 단점들은 우리가 정말 깨닫지 못하고 있던 장점이란 사실을 기억하는 것이 무엇보다도 중요합니다.

70 다른 사람들을 있는 그대로 인정하라.

여러분이 자신을 인정하는 법을 배운 것처럼 다른 사람들도 있는 그대로 인정하는 법을 배울 필요가 있습니다. 이 과정은 좀 까다로울 수 있어요. 뛰어난 잠재성과 가능성을 가진 친구가 이를 발휘하지 못한 채 그냥 좌절하면서 지내는 것을 종종 볼 때가 있을 겁니다.

친구들의 부정적인 행동을 바꿀 수 있다고 생각하지 말고 그들 본성의 문제로 여기세요. 우리 모두는 변화하고 발전하는 존재이며, 언제나 실수할 수 있는 존재라는 사실을 잊었기 때문이지요.

다른 사람들을 인정하기 위해서는 공감하는 마음(누군가가 느끼고 있는 감정을 함께 느끼는 능력)과 동정심(누군가가 상처받았을 때 도와주고 싶은 마음)을 가질 필요가 있어요. 공감과 동정심은 여러분의 감성 지능을 발달시키는 데 도움을 줄 겁니다.

따라서 먼저 여러분 자신뿐만 아니라 결점까지도 있는 그대로 받아들이세요. 그런 다음 여러분의 친구들도 이와 같이 인정하세요. 이런 과정을 거치면서 발달하는 여러분의 공감 능력은 앞으로 여러분이 살아가는데 큰 도움이 될 겁니다.

다른 사람을 인정하는 법

1. 여러분을 정말 힘들게 하는 사람에 대하여 생각해보세요.
2. 여러분을 괴롭히는 그 사람의 행동에만(그 사람이 아니라) 초점을 맞추세요.
3. 여러분을 힘들게 만드는 그 행동들에 대해 기록하세요.
4. 다른 사람의 관점에서 그 행동들을 살펴보세요.
   여러분은 왜 그가 그런 행동을 하는지 이해할 수 있나요?
5. 다른 사람의 행동을 판단하려고 하지 마세요. 만약 그것 때문에 힘들고 그냥 넘어갈 수 없다면, 그 사람하고 이야기하도록 하세요. 그리고 문제를 해결할 수 있는지 알아보세요. 만약 그렇지 않다면, 그것은 해결할 수 없는 것으로 그냥 흘려보내세요. 여러분을 괴롭히는 것은 그 사람이 아니라 그의 행동이라는 것을 기억하세요.

다른 사람의 장점과 단점을 있는 그대로 인정하는 데는 어느 정도의 노력이 필요합니다. 위 방법을 배우게 되면 자기 자신을 인정하는 것 역시 쉬워진다는 것을 알게 될 것입니다.

71 꼬리표로 단정지어 생각하지 마라.

우리들은 종종 우리가 붙인 꼬리표 때문에 다른 사람이나 자신을 있는 그대로 인정하는 것에 어려움을 겪습니다. 운동선수의 경우를 생각해볼까요? 운동선수는 똑똑하지도 않고, 공부도 못하고, 그러다 보니 공부 잘하는 애들은 이들하고 친구하지 않는다는 고정관념 때문에 반에 있는 운동선수와 친하게 지내지 못하는 경우가 있어요. 또 다른 사람들한테 영재는 세상 물정 모르는 공부벌레로 생각되는 것이 싫어서 여러분이 가진 영재성을 거부하는 경우도 있지요.

꼬리표로 사람을 규정할 수 없습니다. 고정관념은 그저 고정관념일 뿐입니다. 사람들은 상대가 실제로 누구인지에 대한 깊은 생각 없이 단지 어떤 꼬리표 때문에 그 사람에 대한 판단이 흐려지는 경우가 종종 있습니다.

꼬리표는 단 한 가지 목적만을 가집니다. 꼬리표는 어떤 사물이나 사람의 특정한 집합에 대해 의미를 제공하는 역할을 하지요. 예를 들어, 우리는 음식을 담는 사물에 접시라는 꼬리표를 붙입니다. 어떤 그릇은 플라스틱으로 만들어졌고 어떤 것들은 종이, 어떤 것들은 점토로 만들어졌지요. 그것들은 다양한 모양, 크기, 색깔을 가지고 있고 용도도 다양합니다. 하지만

> 영재라고 해서 자신을 괴짜라고 생각하지 마세요. 여러분은 여러분이 원하는 자신일 뿐이니까요. — 카일, 9세

우리는 그것들을 모두 접시라고 부릅니다.

만약 접시는 특정한 형태, 크기, 모양만 가져야 한다고 가정한다면, 그것은 잘못된 생각이지요. 이렇게 우리는 고정관념을 가지게 됩니다.

우리가 서로에게 꼬리표를 붙일 때도 마찬가지입니다. 여러분이 영재라는 사실은 여러분의 행동이 어떠하다는 것을 나타내는 의도를 가지고 있어요. 영재라고 해서 세상 물정 모르는 공부벌레처럼 행동해야 하고, 친구가 별로 없어야 하고, 항상 틀리지 않고 옳아야 한다고 생각하는 것은 잘못된 생각입니다. 여러분의 행동은 반의 다른 영재 학생들하고 같을 수도 있고 다를 수도 있어요.

고정관념과 꼬리표에 따라 행동하거나 생각하지 마세요. 오히려 여러분 내면의 참모습을 생각하는 시간을 가지세요. 그리고 다른 친구들에 대해서도 그들의 있는 그대로의 참모습을 보려고 하세요.

72 익숙한 일상에서 벗어나라.

선입견과 꼬리표를 붙이는 것에서 벗어날 수 있는 좋은 방법 중의 하나는 익숙한 일상에서 벗어나 경험의 폭을 넓히는 것입니다. 모험 소설을 줄곧 읽어 왔다면 다른 장르의 소설을 읽어보세요. 판타지 소설은 어떤가요? 야구와 같은 단체 운동을 좋아한다면 산악자전거 타기와 같이 혼자서 할 수 있는 운동도 경험해보세요. 물론 도전하는 모든 것을 좋아해야 한다는 뜻은 아니에요. 그것이 중요한 것이 아니라 새롭게 도전하는 것들이 여러분의 삶을 풍요롭게 하고 경험의 폭을 넓힌다는 것입니다.

여러분에게 필요한 것은 도전 의식이라고 생각해요. 한 달 동안 매주 새로운 것을 시도해보세요. 좋아하지 않는 음식을 먹는 것에 도전해보고 취향에 맞지 않는 책을 읽어보는 것에도 도전해보세요. 어떤 것에 도전하는지는 중요하지 않습니다. 중요한 것은 매주마다 새로운 것을 하는 것입니다.

한 달쯤 지나서 여러분이 도전했던 것들을 모두 적어보세요. 얼마나 좋아했나요? 다시 도전해보고 싶은 것이 있나요?

매년 몇 번 정도 익숙한 것에서 벗어나 새로운 것에 도전하는 과정을 반복해보세요. 여러분도 모르는 사이에 생각보다 훨씬 많은 새로운 것을 즐기고 있는 자신을 발견할 수 있답니다.

새롭게 도전하고 싶은 것

1 하루 동안 도전하고 싶은 모든 것들을 적어보세요. 이 목록을 적을 때는 정말 할 수 있나 없나 걱정하지 말고 신나게 적으세요! 적은 모든 것을 도전하지 못할까봐 미리 걱정하지 마세요.

____

____

2 적은 목록을 자세히 살펴보면서 아래의 분류에 따라 여러분의 생각을 정리해보세요.

a 다음 달까지 도전할 수 있는 것

____

____

b 일 년 정도 안에 도전할 수 있는 것

____

____

c 어른이 되어서 도전할 수 있는 것

____

____

3 다음 달까지 도전할 수 있는 것에 초점을 맞추어 보세요. 이것을 하려면 어떤 것들이 필요한가요? 필요한 것을 갖출 수 있다고 생각하나요?

4 매주마다 새로운 것을 해본다는 목표를 세우세요. 이렇게 해본 것들이 무엇인지 잘 기록해두세요.

5 매달 도전한 새로운 것들을 기념할 방법을 찾아보세요. 시간이 지나면서 이 목록을 새로운 것으로 바꾸세요.

새로운 것에 도전하는 것은 자신에 대한 새로운 사실을 발견할 수 있는 좋은 방법이며 동시에 삶을 즐겁게 해주는 좋은 방법입니다.

73 다름을 즐겨라.

인간이란 다른 사람들과 어울리면서 소속감을 느끼게 됩니다. 그리고 이것은 사람으로서 당연하고 좋은 일입니다. 여러분이 가진 영재성의 특별함을 알고 이것을 즐기는 것도 또한 좋은 일입니다. 그러므로 성장하면서 여러분만의 목소리를 찾는 것, 그리고 세상을 바라보는 여러분만의 독특한 관점을 발견하는 것이 중요합니다.

여러분의 독특함을 찾고 즐기라고 해서 어디에 소속되어 다른 사람들과 공통의 관심사를 갖는 것은 나쁜 일이라는 뜻이 아닙니다. 그렇게 여겨서도 안 됩니다. 그렇다고 항상 누군가를 그대로 따라하는 것(예를 들어 친구가 좋아하는 것만 좋아하고 친구가 하는 행동만 따라하는 것) 또한 좋지 않아요.

세상 모든 일이 그렇듯이 항상 둘 사이의 균형을 유지해야 합니다. 무엇이 여러분을 평범하게 만들고, 무엇이 여러분을 특별하게 만드는지 알아야 합니다. 다시 말해, 친구와 여러분은 어떤 점에서 비슷하게 생각하는지, 또 어떤 점에서는 서로 다르게 생각하는지를 알아야 해요.

> 다르다는 것은 나쁜 것이 아닙니다. 사실, 굉장한 일이죠. — 지젤, 10세

가장 중요한 것은 여러분 자신을 어떻게 생각하는지 알아야 한다는 것입니다. 다른 사람에게 의견을 물어볼 수도 있어요. 그

러나 다른 사람의 의견도 중요하지만 여러분이 옳다고 생각하는 것에 따라 스스로 판단을 내릴 수 있어야 합니다. 이렇게 하는 것이 여러분의 독특함을 이해하고 받아들이는 것입니다.

74 창의적인 면을 찾아라.

자신만의 독특한 시각을 찾는 가장 쉬운 방법 중의 하나는 창의적인 시도를 통해서입니다. 여러분의 창의성을 표현할 새로운 방법을 찾고 창의적 생각의 근육을 풀어주는 시도를 함으로써 새로운 아이디어에 대한 생각의 문이 열리고 창의적인 면을 바라보게 되지요.

창의성은 예술(음악, 미술과 같은 활동들) 활동에만 국한된 것은 아니에요. 창의성은 과제를 해결할 때나 단어를 사용할 때, 심지어 수의 사용을 통해서도 표현될 수 있어요. 창의성의 가능성은 끝이 없어요. 실패에 대한 두려움이 없이 새로운 것을 시도하려는 의지만 있으면 충분합니다. 여러분 자신에 대해 그리고 더 나아가 이 세상에 대해 새로운 발견을 한다는 상상만으로도 신나지 않나요?

매일 창의적인 활동을 찾는 법에 대해 앞에서 이야기했어요. 거듭 말하지만, 창의성은 문제해결 능력을 키우고, 관점을 바꾸는 법을 가르쳐줍니다. 또한 창의성은 여러분의 모든 감정을 표출할 수 있는 출구를 만들어주어 감정의 균형을 가져다주지요. 창의적이 되도록 한번 시도해보세요! 여러분의 창의성을 표현하는 것이 얼마나 중요한지 알게 되는 순간이 올 거예요.

창의성 향상법

1 "창의 상자"를 만들어봅시다.
  a 덮개가 있는 상자를 구하세요.
  b 다른 과제를 하고 남은 문구류(예를 들어 종이, 펜, 풀, 구슬, 깃털 등)로 상자를 채워보세요.
  c 여유 시간이 있을 때 그 상자의 내용물을 사용하여 무엇이든 창의적으로 만들어보세요.

2 TV 시청과 비디오 게임 시간은 제한하세요. 그렇게 해야 창의적인 무언가를 할 시간이 생긴답니다.

3 창의력을 키우기 위해 컴퓨터를 이용할 수 있어요. 컴퓨터 프로그램을 이용하여 그림을 그리거나 영화를 만들거나 여러분이 즐기는 취미에 대한 블로그를 운영할 수도 있지요.

4 상자 바깥에 있는 물건을 이용해볼까요? 선생님이 내준 프로젝트를 해야 할 때, 문방구나 마트에서 가서 완제품을 사지 말고 집주변에서 쉽게 구할 수 있는 물건들을 이용하여 프로젝트에 필요한 것을 만들어보세요.

5 창의적인 활동이 잘 떠오르지 않는 날에는 부모님과 함께 활동을 해보세요. 다른 사람과 함께 이야기를 나누는 동안 창의적인 발상이 떠오를 수 있지요. 이 책의 마지막 장에는 창의적 활동을 시작하는데 도움을 줄 사이트를 수록해두었습니다.

가능한 다양한 분야에서 여러분의 창의성을 펼쳐보세요. 창의적이 되려고 노력하다보면 어느새 여러분은 세상을 바라보는 새로운 시각에 눈을 뜨게 될 것입니다.

75 새로운 아이디어에 마음을 열어라.

'감성 코칭 74'에서 언급하였듯이 창의성을 키우는 것은 세상을 다양한 각도에서 볼 수 있도록 돕는 뛰어난 방법입니다. 뭉쳤던 창의성 근육을 풀어주게 되면, 독특한 시각으로 사물을 바라보는 자유를 얻게 됩니다. 이렇게 하는 가운데 어떠한 상황을 둘러싼 다양한 견해와 시각을 이해할 수 있는 힘이 생기지요. 그렇다면 왜 창의성이 중요할까요?

새로운 관점을 가지면 공감과 동정을 표현하는 방법(감성 지능의 핵심적인 부분)이 풍부해질 뿐만 아니라 사람 사이의 관계가 유연해져 문제해결에 도움을 주지요. 세상을 다른 관점에서 볼 수 있다면, 그 사람들이 왜 그렇게 말하고 행동하는지 이해되기 시작하고, 여러분의 공부와 친구 관계에 대한 어려운 문제도 해결할 수 있는 새로운 방법을 볼 수 있는 눈이 생기게 됩니다.

관점 바꾸기는 좋은 친구가 되기 위한 최고의 방법 중 한 가지이기도 합니다. 같은 상황이라도 관점을 바꾸어보면 친구가 왜 그런 말이나 행동을 했는지 분명히 이해할 수 있게 됩니다.

새로운 관점을 취하는 법

1 여러분이 책 속의 주인공이라고 상상해보세요. 이야기의 한 장면을 선택하여 그때 그 주인공이 어떤 감정을 느꼈을지 생각해보세요.

2 좋아하는 동화책을 한 권 골라서 주인공 이외의 다른 인물의 관점에서 이야기를 재구성해보세요. 예를 들면, 영국의 전래동화 '골디락스(Goldilocks)와 곰 세 마리'에서 엄마 곰이나 심지어는 작은 의자의 관점에서 이야기를 새로 써보는 것이지요.

3 부모님의 도움을 받아서 의자나 침대 끝에 서보세요. 방의 구조가 달라 보이나요? 어떻게 보이나요?

4 부모님과 함께 산행을 해보세요. 산 아래에서 보는 풍경, 산 중턱에서 보는 풍경을 비교해보세요. 산꼭대기에서 본다면 어떻게 달리 보일까요? 만약 여러분이 산을 오를 수 없다면 고층 빌딩에 있다고 상상하며 위 활동을 해 보세요.

5 아래 세 가지 관점에서 여러분 아파트나 집의 그림을 완성해보세요.
 a 집안에 앉아서 바깥을 볼 때
 b 새가 되어 하늘 위로 나를 때
 c 작은 벌레가 되어 땅을 기어다닐 때

세상을 새로운 관점에서 보는 법을 익히게 되면, 세상 모든 것에 대한 여러분의 시각을 넓게 펼칠 수 있게 됩니다.

76 평범함에 대한 정의를 다시 생각해라.

지난 장에서 평범함, 수용, 관용에 대해서 많은 이야기했어요. 한 마디로 요약을 하면 다음과 같습니다. '평범함'이란 정의를 다시 생각해봐야 하는 사람이 바로 여러분이라는 것!

부모님, 선생님, 그리고 친구들은 여러분의 생각에 끊임없이 영향을 주는 사람들입니다. 하지만 최종적으로 결정을 내려야 하는 사람은 여러분입니다. 무엇이 옳고 그른지 결정할 사람이 바로 여러분이라는 것이지요. 따라서 여러분의 생각을 통제하는 사람은 여러분 자신이지요.

여러분은 다른 사람들의 독특한 자질과 차이를 포용하는 방법을 배우려고 하나요? 여러분은 자신과 친구를 편하게 대하고 있나요? 가끔 괴롭히는 친구에게 대들거나 어렵고 힘든 길을 택하려고 하나요?

서로 다르다는 것을 인정하는 데는 용기가 필요합니다. 더구나 서로 다름을 지켜야 할 때는 더 강한 마음 자세가 필요하지요. 결국 우리는 혼자서 살아가는 존재가 아니라 사회 속에서 함께 관계를 맺으며 살아가는 존재이지요. 따라서 함께 살아가는 법을 알 필요가 있어요.

> 여러분이 믿는 것을 위해 일어나세요. 비록 일어난 사람이 여러분 혼자일지라도.
>
> – 매그한, 13세

부모님들의 생각

부모님들은 여러분의 독특한 성향을 이해하고 있어요. 또 이러한 성향이 어떤 점에서 유익하고, 어떤 점에서는 불리한지도 알지요. 부모님의 생각을 한번 들어보세요.

- "우리 집 두 애들 모두 영재학급에 있어요. 처음에 학급 친구들이 자신을 특별하게 대하고, 잘 이해해주는 편이라 학급 생활이 무척 재미있다고 했죠. 요즘 우리 아이들은 말하는 것이나 행동하는 것에서 평범함이 느껴져요. 영재라고 특별하게 굴지도 않아요. 아이들이 이렇게 행복해하는 모습을 본 적이 없네요." – 베티
- "딸이 친구들과 어울려 지내는데 힘들어 해요. 딸은 연예인들 이야기나 최신 패션에 별 관심이 없어요. 그래서 친구들끼리 나누는 대화 속에 끼지 못하는 편이지요." – 티아라
- "아들이 반항아라고 해야 될까요? 다른 사람이 자신을 어떻게 생각하는지 그런 것에는 전혀 관심 없어요. 그냥 자기 방식대로 하죠. 그런 과정에서 즐거움을 찾는 것 같아요." – 스티브
- "딸이 친구를 사귀는데 어려움을 겪었어요. 그리고 왜 사람들이 자신과 다른지 이해하지 못했어요. 하지만 점점 자라면서 사람들의 다양한 생각을 이해할 수 있게 되었고, 지금은 이해의 폭도 넓어졌어요." – 주디

여러분에 대한 그리고 여러분의 독특한 영재성에 대한 부모님의 생각을 이해하는 것은 여러분의 생각 폭을 넓히는 좋은 방법입니다. 부모님의 생각과 감정에 대해 대화하는 시간을 가지세요. 물론 여러분의 생각을 함께 나

누는 것도 잊지 마세요.

여러분의 영재성을 수용하는 것과 자기 자신에 대해 고민하는 것은 나이를 불문하고 힘든 일이지만, 십대 청소년기를 보내는 시기에는 더욱더 중요하고 힘든 일이지요. 여러분 자신과 세상에 대한 생각이 흔들릴 때마다 이 장을 읽어보면 많은 도움이 될 겁니다.

여러분은 어떻게 생각하나요?

이제 여러분의 차례입니다. 자신과 친구들을 수용한다는 것이 어떤 의미인지를 생각해보세요. 몇 분 동안 이 질문에 대해 여러분 자신에게 물어보세요. 그리고 공감하기와 관점 바꾸기를 발달시킬 수 있는 방법을 잠시 고민해보세요.

- 여러분은 여러분 자신을 있는 그대로 인정하나요? 그것을 어떻게 보여줄 수 있나요?

- 여러분은 친구들을 있는 그대로 인정하나요? 그것을 어떻게 보여줄 수 있나요?

- 일상생활 속에서 어떻게 매일 조금씩 여러분의 창의성을 발달시킬 수 있나요?

- 평범함은 무엇을 의미하는가요? 이 장의 처음에 여러분이 가졌던 생각과 그 의미가 지금은 달라졌나요?

IV부 가족 속에서

어떤 누구도 부모님과 형제자매처럼 여러분을 더 사랑하는 존재는 아닙니다.

물론 가끔 상처를 주거나 좌절하게 만드는 존재가 가족이기도 하지요. 부모님의 높은 기대와

형제자매 사이의 보이지 않는 경쟁은 집에 마음을 두려고 할 때 더욱 힘들게 만들기도 하지요.

이 장에서는 가족들과 대화 잘하기, 한계를 설정하기, 그리고 실수에 대처하기 등 영재이기

때문에 가정에서 부딪히는 흔한 문제들을 해결할 수 있는 방법에 대하여 다루고자 합니다.

이야기를 시작하기 전에 가족에 대해 생각하는 시간을 가져볼까요?

그리고 이 책을 다 읽은 후에 다시 이 문제들을 생각해보세요.

여러분의 생각에 변화를 느낄 것입니다.

영재성과 가족

각 질문의 답에 v표를 하세요.

1 부모님은 영재인 자녀에게 더 많은 기대를 한다.

□ 그렇다 □ 아니다

2 내가 힘들더라도 모든 일을 잘 하려고 노력해야 한다.

□ 그렇다 □ 아니다

3 부모님께 더 많은 관심과 기대를 얻기 위해 형제자매끼리 서로 경쟁한다.

□ 그렇다 □ 아니다

4 형제자매 사이의 경쟁은 피할 수 없다고 생각한다.

□ 그렇다 □ 아니다

5 내가 집에서 저지르는 실수를 보면, 모든 사람들이 생각하는 만큼 내가 그렇게 똑똑하지 않다.

□ 그렇다 □ 아니다

10 왜 나한테 소리 지르나요?

> 부모님께서 여러분의 잘못을 지적하면 이를 받아들이려고 해보세요. 아마 여러분에게 도움이 될 것입니다. —아멜리아, 12세

누구나 가끔 가족끼리 힘든 시간을 보냅니다. 하지만 조금만 노력해보면 이 힘든 일들도 새로운 의미를 갖게 되지요. 때때로 여러분은 부모님이나 형제자매와 대화하는 데 힘들어 하는 자신의 모습을 보게 됩니다. 가족이라고 해서 항상 좋을 수만은 없어요.

소통을 잘한다는 것은 무엇을 어떻게 말할 것인지를 안다는 것으로, 이 소통 능력은 가족들 사이에 생기는 힘든 일을 부드럽게 헤쳐나갈 수 있는 좋은 방법입니다.

상대방을 비난하거나 소리치지 않고 대화하고 충고를 받아들이는 법을 알게 되면 부모님이나 형제자매 사이의 끊임없는 말다툼이 서로 마음을 어루만지는 좋은 대화로 바뀌게 됩니다.

77 듣는 것이 말하는 것보다 항상 더 중요하다.

"listen(듣기)"과 "silent(침묵하기)"가 순서는 다르지만 똑같은 알파벳으로 되어 있다는 사실을 알고 있나요? 이것은 상대방의 말을 정말 주의 깊게 듣기 위해서는 침묵을 해야 한다는 뜻입니다. 이렇게 조용히 하면서 부모님과 형제들이 하는 말에 귀를 기울여보세요. 그러면 그들의 몸동작과 억양에서 그들이 말하려는 의도를 파악할 수 있습니다. 그래서 목소리로 표현하지 못하는 것을 볼 수 있고, 목소리로 말하는 것을 들을 수 있습니다. 하지만 여러분이 말을 하고 있거나 말하려는 다음 문장을 생각하는데 너무 신경을 쓰다보면 이런 것을 볼 수도 없고 들을 수도 없습니다.

잘 들으려면 온전히 말하는 사람에게만 집중하세요.

> 엄마는 때때로 잘 들으려면 조용히 해야 한다고 말해요. 엄마 말이 맞아요. – 줄리, 13세

78 고함을 치거나 소리를 지르면 상대의 말에 집중할 수 없다.

이번에 소개할 '감성 코칭'은 바로 앞의 '감성 코칭'과 연관된 것입니다. 부모님과 형제들이 하는 말을 잘 듣기 위해서는 조용히 기다려야 하듯이, 언성을 높이거나 소리를 지르면 상대의 말을 집중해서 들을 수 없는 것은 당연하죠. 서로 언성을 높이며 말다툼했던 때를 떠올려보세요. 둘 중 한 명이라도 상대의 말을 제대로 들었나요? 그럴 가능성은 아주 낮습니다. 가족 중 누구와 말다툼을 했다는 것은 기억하겠지만 아마도 무엇 때문에 말다툼했는지는 잘 기억하지 못할 거예요.

그 이유는 너무 화가 난 나머지 여러분이 하고 싶은 말을 하는 데에만 신경을 쓰느라 정작 상대편이 하는 말을 기억하지 못하기 때문이지요. 그 당시에 서로 주고받았던 말다툼의 내용은 기억에 오래 머물지 못합니다. 게다가 감정이 너무 격해 있었기 때문에 올바르게 사고하지도 못했을 겁니다.

고함을 지르거나 언성을 높이는 것으로는 아무것도 할 수 없어요. 상대에게 말하고자 하는 내용을 잘 전달할 수도 없고, 또 상대의 말을 잘 들을 수도 없게 만들어요. 말다툼하는 서로에게 아무런 도움이 되지 않습니다. 그로 인해 여러분이 얻을 수 있는 것은 더 큰 분노, 고통, 그리고 죄책감일 뿐입니다.

여러분에 대해 잘 모르지만, 이 감정들 중 어떤 것도 종종 느껴보고 싶은 생각이 들지는 않지요?

소통 문제 해결법

1. 침착하세요. 대화 가운데 감정이 끼어들지 않도록 하세요.
2. 여러분이 원하는 것을 분명히 말하세요.
3. 여러분이 한 행동에 대해 왜 그렇게 했냐는 질문을 받는다면, 분명하고 솔직하게 말하세요. 이때 방어적이거나 거부감을 나타내는 행동은 하지 않도록 하세요.
4. 부모님이 화났다고 말하기 전까지는 화났을 것이라고 미루어 짐작하지 마세요.
5. 좋은 대화를 위해서는 잘 듣는 것이 중요하다는 사실을 명심하세요. 말을 하기보다는 상대의 말을 먼저 들으려고 노력하세요.

이 방법을 틈틈이 연습하세요. 이 방법은 여러분과 가족 사이의 소통을 정말로 향상시켜줄 것입니다.

79 흥분을 가라앉히려면 잠깐의 휴식을 가져라.

> 진짜로 미칠 것 같을 때면 나는 잠시 동안 내 방에 가서 혼자 있어요. 그렇지 않으면 아무한테나 마구 고함을 지르게 되거든요. – 마리, 13세

종종 화가 나는 건 당연합니다. 특히 화를 내는 대상이 가족이 되는 경우가 많아요. 많은 시간을 함께 보내고 가장 개인적이며 친밀한 것을 서로 나누기 때문에 오히려 감정적으로 서로 자극하기 더 쉽습니다. 감정을 조금만 자극하더라도 금방 폭발 직전까지 이르게 되지요.

이럴 때는 그런 감정을 통제할 방법이 필요해요. 상황이 여러분의 손을 벗어나 통제하기 힘들어지기 전에 잠깐 시간을 가져보세요. 중요한 점은 여러분 스스로 이런 상황에서 잠깐 생각할 시간이 필요함을 느끼고 더 늦기 전에 휴식을 취하는 것입니다. 언성을 높일 수밖에 없는 때가 있기도 하고, 감정 폭발 직전에 물러서는 것이 불가능한 때가 있기도 하지요. 이때 화를 참지 못하고 언성을 높이는 시점이 언제인지 정확히 알아야 해요. 그리고 그렇게 되기 전에 여러분 스스로 그 상황으로부터 벗어나기 위해 노력해야 합니다.

물론 실천하는 것은 말처럼 쉽지 않아요. 하지만 이 '감성 코칭'을 잘 활용하면, 감정이 폭발할 위기에서 여러분을 구할 수 있고 화를 잘 다스리는 습관을 기를 수 있을 것입니다.

80 부모님과 언쟁을 벌이지 마라.
안될 일이 되는 것도 아니다.

부모님은 모든 것에 대해 알고 있는 것처럼 훈계하거나 가르치려는 모습을 보입니다. 어렸을 때에는 부모님들의 말씀이 지혜롭다고 생각했을 것이며, 여러분의 사고방식과 세상에 대한 시각을 키우는데 도움이 되었을 겁니다. 그러나 성장하면서 변했을 거예요.

부모님의 훈계에 점점 익숙해져서 흥미가 사라졌을 겁니다. 어느 순간부터 부모님이 하는 말에 반대하거나 논쟁을 벌이고 싶은 충동을 느끼게 되지요. 그렇다고 해서 너무 경계하지 않아도 됩니다. 이것은 모든 부모와 자식 사이의 관계에서 일어나는 흔한 일입니다. 이런 감정에 너무 마음 상하지 않아도 괜찮아요.

부모와 언쟁을 벌이는 것은 선생님과 언쟁을 벌이는 것과 비슷합니다. 하지만 어떤 형태의 언쟁이든 여러분이 원하는 것을 얻게 해주지는 않아요. 물론, 여러분이 원하거나 필요로 하는 것을 부모님이 알 수 있도록 이야기를 하는 것이 필요해요. 여러분의 의견이 부모님의 의견과 다르더라도 여러분의 견해를 밝히는 것은 좋은 일이지요.

> 부모님은 여러분이 최선을 다하기를 원하세요. 이 말에 설령 동의하지 않더라도 부모님은 좋은 의도로 말하는 겁니다. 그러니 부모님의 말에 귀 기울여 보세요. – 에이미, 14세

여러분들이 왜 그렇게 다르게 생각하는지 부모님에게 말하는 가운데 서로 풍성한 대화가 일어

나기도 하죠. 하지만 부모님이 늘 결론을 내리죠. 그러다보니 이야기가 끝나지 않았는데도 대화가 중단되어버립니다. 부모님의 결정이 여러분이 생각했던 것과 다르다면, 이 결정을 바꾸려고 여러분 자신의 생각이 옳음을 계속 입증하려고 하겠죠. 사실 여러분의 의견을 계속해서 반복하는 것은 마치 언쟁을 벌이는 것처럼 보이게 되고, 결국에는 문제가 생기고 가끔은 더 큰 일로 번지기도 하지요.

잠시 부모님의 의견에 귀를 기울이는 시간을 가져보세요. 그런 결정을 내린 데는 분명 이유가 있을 것입니다.

여러분은 그렇게 느끼지 않겠지만 부모님은 그저 여러분의 가장 큰 관심사에 최선을 다해 지원해주려고 해요. 여러분은 여전히 화가 나서 부모님의 이야기는 듣지 않은 채 계속 언쟁을 하려고 하겠죠. 하지만 언쟁을 자제하고 마음을 진정시키는 법을 알아야 해요. 이렇게 해보면 오히려 일이 술술 더 잘 풀릴 겁니다.

81 여러분의 실수에 대해 부모님과 언제든지 이야기하라.

다른 사람들에게, 특히 부모님에게 여러분의 잘못된 선택에 대해 마음을 터놓고 이야기하기란 쉽지 않아요. 실수를 인정하지 않거나 그런 실수를 하지 않은 척 행동하려고 하겠죠. 또는 어떤 다른 것을 탓하며 어떻게 해서든지 그 실수를 정당화하려고 할 것입니다. 크게 보면 이런 방법은 전혀 도움이 되지 않아요. 오히려 이런 행동은 추후에 부모님과 여러분 사이에 더 큰 문제를 야기할 뿐입니다.

이 책에서 여러 번 이야기한 바와 같이, 모든 사람은 일생동안 실수를 하며 살아가요. 작은 실수도 있고 큰 실수도 있으며 의도하지 않게 실수를 저지르기도 하지요. 실수가 여러분을 어떤 사람인지 평가하는 척도가 되지 않습니다. 오히려 실수를 했을 때 그것에 대해 어떻게 대처하는지가 여러분이 어떤 사람인지 보여주지요.

따라서 부모님이 여러분의 실수에 대해 이야기하자고 한다면, 여러분을 비난하려는 것이 아니라 그 실수를 통해 무엇인가를 배울 수 있도록 도와주려는 것입니다. 이렇게 해서 여러분이 더 크게 성장하기를 바라지요.

> 여러분의 실수를 가족과 친구들에게 이야기하세요. 그 실수가 여러분이 발전하는 데 큰 도움을 줄 겁니다. – 에이킴, 13세

82 민감한 주제에 대해 언쟁할 때는 조용히 기다려라.

> 언쟁할 때 화내고 소리를 질러서는 절대 이길 수 없어요. - 스콧, 12세

부모님은 이야기하기 껄끄러운 주제에 대해 여러분과 진심으로 대화를 원하고 있다는 것을 알고 있나요? 부모님이 그런 대화를 하자고 할 때 어떻게 반응해야 할지 깊이 생각해본 적이 있나요? 대화에서 힘든 점은 여러분이 입을 꾹 다물고 부모님의 질문에 한두 마디로 답을 하는 태도입니다. 부모님의 질문에 화를 내고 소리를 지르기도 하지요. 혹은 빨리 대화를 끝내고 자리를 뜨려고 할 수도 있어요. 이런 행동 중에서 여러분이 흔히 하는 행동은 어떤 것인가요? 어떻게 부모님과 대화하는지 모르겠지만, 중요한 점은 방금 말한 것처럼 행동한다면 대화하기 힘들다는 것입니다.

부모님과 대화하기 힘든 주제에는 어떤 것이 있나요? 시험 성적일 수도 있고 또 학교에서 저지른 문제일 수도 있어요. 또 부모님의 이혼과 같은 가족 문제일 것입니다. 이러한 일들에 대해 부모님과 대화할 때면 쉽게 화를 내거나 목소리가 올라가는 일이 생기지요.

그렇다면, 이렇게 이야기하기 껄끄러운 주제에 대해 대화할 때 여러분은 어떻게 침착함을 유지하나요? 심지어 속이 부글부글 끓을 때 어떻게 삭이나요? 이에 대한 답은 여러분을 화나게 하는 것이 무엇인지 파악하고, 만약

화가 난 상황이라면 어떻게 대처할지 계획을 세우는 것입니다.

극심한 스트레스를 받거나 좌절감이 들었을 때 머릿속이 하얗게 되면서 아무 생각도 나지 않았던 적을 기억하나요? 화가 났을 때도 마찬가지입니다. 뇌는 화가 나거나 흥분하면 옳은 결정을 내리지 못하죠. 이 책의 1부에 소개했던 긴장 완화법을 사용하거나 잠깐 심호흡을 하면서 마음을 진정시키는 것이 화를 다스리고 침착성을 유지하는 아주 좋은 방법입니다.

마음이 평온하고 침착하게 되면 부모님이 어떤 말을 하더라도 그 소리가 들리고 이해가 됩니다. 또 상황이 악화되어 폭발 직전까지 가는 것을 방지할 수도 있어요. 다음에라도 성적이나 말을 꺼내기 어려운 일에 대해 부모님이 이야기를 하려고 할 때 화가 날 것 같으면 심호흡을 크게 한번 해서 마음을 차분히 해보세요. 누가 알아요? 혹시 부모님이 이야기를 꺼낸 이유가 여러분에게 좋은 해결책에 대한 조언을 주려고 한 것일 수도 있잖아요.

83 탓하기를 멈춰라.

비난 게임: 우리는 잘못했을 때 종종 죄책감을 느낍니다. 그래서 자신의 잘못에 대해 어떤 방식으로든 정당화하려고 노력하지요. 즉, 누군가에게 책임 전가를 한다는 것입니다. 학교에 교과서를 두고 와서 숙제를 못했다거나, 자신이 집중하지 않았으면서도 선생님이 숙제를 분명히 전달해주지 않아서 못했다고 하는 것. 남 탓으로 돌리는 이러한 비난 게임은 형제자매 사이, 친구 사이의 문제에서 자신의 행동을 방어하기 위해 나타납니다.

여러분의 잘못에 대해 어떤 방법으로든 정당화하기 위해 자신의 잘못을 다른 사람이나 상황 탓으로 돌리는 것으로 문제가 해결되지 않는다는 것을 알아야 해요. 대부분의 경우, 여러분이 자신의 잘못을 어떤 상황이나 사람 탓으로 돌리는 것을 부모님은 알게 됩니다. 그리고 많은 경우에 있어 다른 사람한테 자신의 잘못에 대한 책임을 전가한다면 그 결과는 더욱 심각해지지요.

아동들 대부분은 언제 자신들이 이런 비난 게임을 하는지 잘 모릅니다. 행동에 대한 핑계거리를 만드는 것이 비난 게임의 한 형태라는 것을 여러분도 아마 늘 인식하고 있지 못할 것입니다. 학교에 책을 놔두고 왔다고 가정해볼까요? 너무 피곤해서 깜빡 잊었다고 말하거나 친구가 정신을 사납게 해서 그렇게 됐다고 말하는 것은 여러분의 행동(책을 놔두고 온 것)에 대해 다른 것(피곤함 또는 친구)의 탓으로 정당화하려는 것이지요.

중요한 핵심은, 자신의 잘못에 핑계를 대며 다른 탓으로 돌리는 것으로 문제가 해결되지 않는다는 것이죠. 다른 것을 탓하는 것은 훌라후프법을 부정하는 것이지요. 나 자신, 나의 생각, 나의 행동은 여러분 자신이 항상 조절할 수 있어야 합니다.

제가 하고 싶은 이야기는 절대 실수를 하지 말아야 한다는 것이 아닙니다. 행동으로 옮기기 전에 깊이 생각하지 못할 수도 있고 행동이 초래할 결과에 대해 생각하지 못할 수도 있어요. 이런 일들은 언제든지 일어날 수 있지요. 그렇지만 중요한 점은 자신의 잘못을 인정하는 것이 문제를 쉽게 해결하는 길이란 사실이지요.

여러분은 자신을 조절할 수 있는 존재입니다. 따라서 앞으로 누군가가 여러분의 행동에 대해 잘못을 말한다면, 자신의 행동에 대해 책임을 지고 남 탓을 하려는 비난 게임을 멈추세요.

비난 게임 중단법

1 의도하지 않은 일이라도 여러분이 한 행동에 대해 항상 책임을 지세요.

2 훌라후프법을 기억하세요. 그냥 여러분의 실수를 인정하고, 절대 그 문제로부터 비켜나갈 궁리를 찾지 마세요.

3 자신을 통제할 수 없다고 느끼더라도 자신의 행동에 대해 책임감을 가지세요. 그리고 여러분의 행동을 아래와 같은 핑계로 탓하고 싶은 유혹에서 벗어나세요.

a "피곤해서"

b "잘 이해하지 못해서"

c "목소리를 통제할 수 없어서"

4 자신의 행동을 다른 것으로 탓할 때 여러분이 사용하는 단어나 문구의 목록을 만들어보세요. 그리고 이후에 그것들을 피할 수 있는 계획을 세워 보세요.

5 이 연습을 위해 부모님께 파트너가 되어 달라고 부탁하세요. 여러분이 비난 게임의 유혹에 넘어갔다는 사실을 부모님이 알게 되었을 때, 그런 여러분을 표현할 수 있는 단어나 문구를 만드세요.

비난 게임을 중단하는 것이 여러분의 행동에 대해 스스로 통제하고, 그 행동을 개선할 수 있는 가장 효율적인 방법입니다.

84 행동에 책임을 져라.

자신의 행동에 대해 다른 사람 탓을 그만두고 책임져야 하는 유일한 사람은 바로 자기 자신임을 빨리 깨달을수록 그만큼 빨리 실수로부터 무엇인가를 배울 수 있게 됩니다.

앞서 이야기했듯이, 책임감을 가진다는 것은 여러분의 행동에 대해 책임질 유일한 사람은 바로 여러분이란 사실을 인정하는 것에서 시작합니다. 물론 이렇게 인정하는 것이 쉽지 않지요. 여러분은 선생님이나 부모님을 기쁘게 하려고 노력합니다. 자신만을 위해서 노력하지 않는데 이것은 좋은 마음가짐이지요. 다른 사람이 여러분한테 거는 기대를 알고 또 지켜야 할 규율이 있다면 따르는 것은 중요합니다.

다른 사람의 기대에 부응하고 규율을 지켜야 한다는 말이 여러분의 행동에 대한 책임을 대신한다는 뜻은 아닙니다. 규율 때문에, 교사나 부모의 기대 때문에 등의 핑계거리로 여러분의 행동에 대한 책임을 돌려서는 안 돼요. 알고 했든 모르고 했든 그 행동은 여러분 자신의 결정에 따라서 했고, 그래서 결국 그에 대한 책임은 온전히 여러분의 몫입니다.

따라서 책임을 진다는 것은 여러분의 행동에 대한 결정권이 여러분에게 있다는, 다시 말해 어떤 행동에 대한 선택이 항상 여러분에게 있다는 의미입니다.

나의 책임인가?

각 질문에 여러분의 생각을 v표를 하세오.

1 내가 틀린 것을 알았을 때, 선생님이나 가족이 말하기 전에 먼저 나의 실수를 자백한다.

☐ 그렇다 ☐ 아니다

2 누군가가 나의 실수를 지적할 때, 나는 변명을 하지 않는다.

☐ 그렇다 ☐ 아니다

3 친구와 선생님은 내가 어떤 상황에서든 나의 행동에 책임질 것이라는 것을 안다.

☐ 그렇다 ☐ 아니다

4 나쁜 시험 점수를 받은 사실을 부모님이 알고서 이것에 대해 따져 물으려고 할 때, 열심히 공부하지 않았다고 말하고 나의 잘못을 인정한다.

☐ 그렇다 ☐ 아니다

5 어떤 상황에서든 내 실수는 내 책임이라고 생각한다.

☐ 그렇다 ☐ 아니다

위의 질문에 '그렇다' 라고 답했다면, 여러분은 자신의 행동에 책임을 지는 학생입니다. 여러분의 실수를 인정하는 것은 책임지기를 배우는 첫 단계이며 성숙을 향한 중요한 일부분입니다.

부모님들의 생각

영재 학생의 부모가 된다는 것은 어려운 일입니다. 그래서 부모님이 여러분에게 기대하는 것과 여러분이 부모님한테 필요로 하는 것 사이의 균형을 맞추어야 하지요. 여러분만큼 부모님도 혼란스럽고 당황스러울 때가 있습니다. 부모님들은 이런 생각과 감정을 어떻게 말하고 있는지 들어보고 잠시 여러분 부모님은 어떤지 생각해보세요.

- "가정과 학교에서 어른들이 만든 규칙이나 규율 때문에 힘들어 해요." – 타라
- "부모로서 힘든 일입니다. 도움이 필요할 때인지 아니면 간단한 동기부여만 필요할 때인지 항상 분명히 알지 못하죠. 때로는 좀더 강하게 밀어붙일 필요가 있지만, 너무 압박감을 줄까봐 걱정스럽기도 해요. 정말 복잡하고 어렵죠." – 쉐리
- "항상 우리가 소리를 지른다고 생각하죠. 단호한 편이긴 하나 절대 소리를 지르지는 않는데 말이죠." – 존
- "영재 아이를 키우는 것은 즐거우면서도 여렵습니다. 우리 애가 바르고 단정하게 행동하는 것을 늘 자랑스러워했어요. 그러나 가끔 아이의 혼란스러운 감정이 온 집안을 힘들게도 하지요." – 도니타

부모님도 여러분과 똑같은 것을 원한다는 것을 알 수 있지 않나요? 부모님도 여러분이 도움을 구할 때 잘 도와주고 싶어 하고 늘 대화를 잘 할 수 있기를 바라죠.

소통을 잘 하기란 참 힘들고 어려운 일입니다. 하지만 이 책에서 제시한 방법들을 틈틈이 사용하다보면 여러분이 사춘기로 접어들면서 생기는 부

모님과의 흔한 대화 단절의 문제를 해결할 수 있는 해답을 찾을 수 있을 겁니다. 또한 사춘기의 힘든 시기를 좀 더 부드럽게 넘어갈 수 있도록 해줄 겁니다.

여러분은 어떻게 생각하나요?

가족은 누구에게나 가장 평온한 존재이지요. 반면 동시에 고통을 주는 근원이 될 수도 있어요. 다음은 부모와의 소통에 대해 여러분이 어떻게 생각하는지에 관한 질문입니다. 다음 각 질문들을 스스로에게 던져보세요. 부모님과 소통하는 방법을 찾는데 도움이 될 것입니다.

- 부모님과 대화하는데 가장 어려운 점은 무엇인가요? 이 문제를 해결할 방법은 있나요?

- 누구나 말하기 껄끄러운 일에 대해 이야기할 때 마음을 가라앉히는 자신만의 방법을 가지고 있어요. 여러분이 가장 좋아하는 방법은 무엇인가요?

- 자신의 행동에 책임지는 모습을 여러분은 어떻게 보여줄 수 있나요? 이런 모습을 보여주려고 할 때 가장 힘든 부분은 무엇인가요?

11 "NO"라고 해도 괜찮다고요?

학교에서, 친구 관계에서, 심지어 여러분 자신에게 느끼는 많은 기대들을 잘 균형 잡는 것은 어려운 일이지요. 대부분 영재 학생들은 자신의 재능을 다른 사람들과 함께 공유해야 한다는 의무감에 사로잡혀 있습니다. 그래서 온갖 활동에 관심을 갖게 되다보니 많은 영재 학생들의 하루 일정은 빡빡할 수밖에 없어요.

> 하루 일정이 너무 빡빡해요. 하고 싶은 일이 너무 많아서 그렇죠. 그리고 그 많은 일들을 항상 완벽하게 하려다보니 당연히 바쁠 수밖에요. – 리즈베스, 14세

만약 다른 사람과 여러분 자신의 기대를 조절하는 법을 배우고자 한다면, 무엇보다 그 기대에 부응할 정도와 범위를 정하는 법을 배우는 것이 중요합니다.

85 모든 것을 다 잘할 필요는 없다.

> 내가 하는 일에 최선을 다하죠. 그렇지만 그게 완벽하려는 뜻은 아니에요. - 로버트, 13세

맞아요. '모든 것을 다 잘할 필요는 없다.' 이것에 대해 다시 말하고자 합니다. 주변 사람들은 여러분이 완벽해야 한다고 생각하지 않습니다. 이것은 어느 누구도 여러분이 모든 것을 완벽하게 해낼 것이라는 기대를 하지 않는다는 뜻이지요. 여러분에게도 어려운 일이 당연히 있다는 겁니다. 내 이야기를 해볼게요. 나는 수학 문제를 꽤 잘 풀었고 복잡한 이야기도 대체로 잘 이해하는 편이었지요. 하지만 다른 나라 말을 배우는 거요? 이것은 너무너무 어렵고 제일 못하는 일이었어요. 그런데 가장 친한 내 친구는 하나도 어렵다는 외국어를 동시에 두세 개를 마스터했어요. 아니, 어떻게 그럴 수 있어요.

여기서 말하고 싶은 것은 내가 외국어를 배울 때 게으름을 피우지 않았고, 친구만큼 열심히 노력도 했다는 점입니다. 정말 열심히 공부하고 또 공부했지요. 이렇게까지 하는데도 나한테 있어 외국어 성적은 좋은 학점도 아니고 겨우 F 학점을 면할 수 있는 정도였어요.

처음에는 슬펐어요. 내가 외국어를 마스터할 수 없다는 생각이 점점 모든 것을 잘 해낼 자신이 없다는 생각으로 바뀌어 좌절감에 빠졌습니다. 그러다가 마침내 내가 하는 모든 일에 완벽해질 수 없고 또 완벽할 필요도 없

다는 진실을 깨달았지요.

대부분 영재 학생들이 이 진실을 받아들이기 어려워하는데, 이 깨달음이야말로 여러분을 자유롭게 하는 최고의 선물입니다. 모든 것에 완벽할 필요가 없다는 것을 깨닫는 순간, 다른 사람보다 앞서려는 생각이 없어지면서 신나고 즐기려는 자신을 발견하게 될 것입니다.

86 할 수 있다고 해서 반드시 해야만 하는 것은 아니다.

> 할 수 있는 일을 제한할 필요가 있어요. 안 그러면 너무 많은 일을 하게 돼서 오히려 나중에 스트레스가 되거든요. – 매기, 13세

모든 일을 다 잘 하지는 못하더라도, 여러분은 다른 친구에 비해 잘 하는 것이 많은 편이지요. 그래서 여러 가지를 다 해보고 싶다는 마음을 가질지도 몰라요. 하지만 하고 싶은 모든 것을 다 잘 한다면 무슨 일이 벌어질까요? 아마 나중에는 질리게 될 거예요.

모든 일을 항상 잘 할 수 없다는 것을 알아야 합니다. 학교에서 해야 할 일, 방과후 활동에서 해야 할 일, 집에서 해야 할 일 등 다양한 활동 속에서 균형을 유지할 필요가 있어요. 지나친 욕심으로 하고 싶은 모든 일을 잘 하려고 하다보면 오히려 스트레스가 되죠. 모든 일에 균형을 잡으려고 노력해야 한다는 점을 기억하세요.

87 적절한 범위를 정하라.

동시에 많은 일을 하지 않기 위해 스스로 적절한 범위를 정하는 법을 배워야 해요. 범위를 정하는 것은 학교, 친구 관계, 가정에서 여러분이 해야 할 일 뿐만 아니라 언제, 어떻게 거절하는가에 관한 것과도 연결됩니다.

학교, 친구 관계, 가정에서 여러분의 역할을 이해하는 것이 첫 번째 단계입니다. 학교에서는 학생으로서의 역할을 하지요. 이곳에서 여러분의 일은 주어진 과제에 최선을 다하고 선생님이 가르치는 것을 열심히 배우는 것입니다. 다른 친구가 잘 배우고 있는지 확인하고 점검하는 것은 여러분의 일이 아닙니다. 그것은 선생님의 몫이지요. 따라서 친구의 학습을 일일이 점검하고, 친구가 배운 것을 확인해주는 등 자신의 역할이 아닌 것을 수행하느라 자신의 학습에 손해를 보는 일이 생기지 않도록 해야 합니다. 이 말은 친구들을 도울 필요가 없다는 의미가 아니라 적절한 범위 안에서 친구들을 도와야 한다는 것을 뜻해요.

친구 관계에서 여러분의 역할은 좋은 친구가 되는 것입니다. 친절하고, 의리를 지키며, 지지해주는 친구. 하지만 친구가 어떤 일을 어떻게 해야 하는지 일러주고 지시하는 역할은 부모님의 일이지 여러분이 할 일이 아니랍니다. 그렇다고 해서 생각을 함께 나누지 말라는 뜻은 아닙니다. 당연히 그렇게 해야죠. 따라서 친구로서 역할을 잘 하려면 그 역할의 범위를 분명히 이해할 필요가 있어요.

가정에서 여러분은 자녀로서 역할을 합니다. 집안을 돌보고 가정에서 지켜야 할 규율을 정하는 것은 여러분의 일이 아닙니다. 물론 가끔 이런 일이 있기는 하지만, 가족 내에서도 적절한 경계를 지켜야 가족 구성원이 화목하게 지낼 수 있어요.

범위를 정한다는 것의 또 다른 의미는 어떤 것을 거절한다는 것을 포함합니다. 이것은 여러분뿐만 아니라 어른들한테도 어려운 일 중의 하나입니다. 하지만 거절의 요령을 안다면 상대방의 기분을 상하지 않게 하면서 거절할 수 있어요.

목표를 정하고 성취하고 싶은 것이 무엇인지를 명확히 정하는 것이 시작입니다. 전 과목에서 A를 받는 것이 목표라면, 그룹 스터디 참여에 'Yes'라고 말하는 것은 좋은 일이지요. 반면 내일 시험을 잘 보려고 하는데 친구가 백화점에 놀러 가자고 했을 때 'Yes'라고 하면 그것은 여러분의 목표에 맞지 않는 행동이지요.

목표를 정하고 달성하고 싶은 것이 무엇인지를 분명히 아는 것 외에 심한 스트레스를 받았을 때 자신이 어떤 행동을 하는지 잘 알 필요가 있어요. 어떤 것에 지치게 되면 우리의 몸에서는 여러 가지 방식의 행동이 나타나지요. 머리가 아프거나 어깨가 뭉치는 것처럼 몸이 불편할 수 있고, 작은 일에도 화가 나서 짜증을 내기도 하지요. 중요한 것은 신체적 변화이든 감정적 변화이든 이런 상태에서 여러분이 어떤 행동을 하는지 살펴보아야 한다는 것입니다. 너무 많은 일들을 하려고 할 때, 자신의 신체와 감정이 보내는 신호를 잘 알고 적절한 선에서 균형을 맞추기 위해 노력해야 합니다.

적절한 범위 정하는 법

1 여러분과 관련 있는 모든 일과 그 일에 대한 자신의 역할을 적어보세요. 교회나 운동 동아리, 또는 여러분이 속해 있는 다른 여러 그룹들과 그곳에서의 활동을 포함해야 합니다.

a 딸/아들
b 학생
c ______________________________
d ______________________________
e ______________________________
f ______________________________

2 각각의 역할 옆에 여러분의 책임을 적어보세요. 예를 들어, 딸/아들 옆에 가정의 규칙을 따르기, 부모님께 효도하기 등을 적을 수 있습니다.

3 우선순위에 따라 목록을 다시 적으세요.: 어떤 역할이 가장 중요한가요? 중요도에 따라 순위를 정해보세요.

4 목록을 다시 살펴보세요. 적은 모든 일을 좌절하지 않고 다 할 수 있나요? 자신의 목표와 성취하고 싶은 것에 초점을 두면서 방금 기록했던 목록을 다시 살펴보세요. 서로 일치하나요?

5 만약 삭제하고 싶은 일이나 역할이 있다면 제일 아래 순위부터 시작하세요. 그리고 각 역할 옆에 적어놓은 책임을 살펴보세요. 정말 여러분이 해야만 하는 일인가요? 그렇지 않다면 조절이 필요합니다.

여기서 명심해야 할 것은, 어느 누구도 여러분이 모든 것을 다 잘 하리라고 기대하지 않는다는 사실과 모든 역할을 다 수행하지 않아도 된다는 것입니다. 주어진 상황에서 여러분이 현실적으로 할 수 있는 것과 해야 하는 것을 구별하는 요령을 알아야 해요.

88 다른 사람들의 할 일과 역할의 범위를 존중해라.

자신이 원하는 것을 다른 사람에게 하도록 하는 데는 설득하는 방법과 겁을 줘서 하게 하는 방법이 있어요. – 엔리크, 14세

자신의 할 일과 역할의 범위를 정하는 법, 거절하는 법, 더불어 다른 사람들의 할 일과 역할의 범위를 존중하는 법을 배울 필요가 있습니다. 물론 이렇게 하는 것이 가끔 어려운 일이기도 하지요. 여러분은 다른 사람에게 여러분의 생각을 받아들이게 설득하는데 아마 능숙할 것입니다. 이러한 성향으로 인해 종종 다른 사람들의 고유 영역을 쉽게 침범하게 되지요.

다른 사람들의 할 일과 역할의 범위를 존중하는 법을 배우는 것은 중요해요. 그리고 상대방이 'No'라고 말한다면 그것은 정말 하기 싫다는 뜻이라는 것도 기억해야 하지요. 능숙한 설득의 말솜씨로 상대방의 'No'를 'Yes'로 바꾸게 하는 것이 이전에는 가능했다 하더라도 옳지 않은 행동이지요.

다른 사람의 할 일과 역할의 고유 영역을 존중한다면 그들도 여러분을 존중할 것입니다. 또한 이것은 여러분의 필요와 다른 사람들의 필요를 균형있게 하는데 도움이 될 것입니다.

89 가정의 규칙을 알고 따르라.

규칙! 규칙! 규칙! 이 세상에는 온통 지켜야 할 규칙들이 많지요. 어떤 규칙은 학급에서 선생님이 만든 규칙이고, 일부는 친구 사이에 지켜야 할 규칙입니다. 하지만 대부분은 가정에서 지켜야 할 규칙일 것입니다.

가정에서의 규칙은 우리가 어릴 때부터 지켜야 하는 것들이지요. 어떤 규칙들은 시간이 지남에 따라 변하기도 했지만, 가정에서 지켜야 할 규칙은 거의 변함이 없었을 것입니다. 그것은 가정에서 지켜지고 따르기를 원하는 부모님의 기대 때문이지요. 가정에서 지켜야 할 규칙 중에 여러분이 동의하지 못하는 것이 있다면 혹은 부모님이 말하는 규칙을 제대로 이해하지 못한다면 무슨 일이 벌어질까요?

만약 규칙이 모호하거나 일부 규칙에 대해 바꾸고 싶다면, 부모님과 이것에 대해 대화할 수 있는 방법을 알아야 합니다. 부모님과 가정에서 지켜야 할 규칙에 대하여 이야기 나눌 때 도움이 되는 몇 가지 요령이 아래에 있어요.

- 각자의 의견을 서로 존중하세요.
- 여러분의 의견을 분명하게 말하고 격한 감정은 조절하세요.
- 부모님의 말을 주의 깊게 들으세요.
- 언쟁하려고 하지 마세요.

이 방법을 적용하면 가정에서 지켜야 할 규칙과 여러분의 요구에 대하여 목소리를 높이지 않고서도 부모님과 대화를 나눌 수 있게 될 것입니다.

우리 집의 규칙

1 여러분의 집에서 지켜야 할 규칙을 적어보세요.

____

____

____

2 부모님께 여러분이 쓴 목록을 검토해 달라고 부탁하세요. 여러분이 적은 규칙에 대해 부모님이 동의하나요? 그렇지 않은 목록이 있다면 수정을 하세요.

3 목록을 다시 살펴보세요. 여전히 분명하지 않거나 동의하지 않는 규칙이 있나요? 이것에 대해 부모님과 다시 이야기를 나누어보세요.

4 추가하고 싶은 규칙이 있나요? 있다면 부모님과 의논하세요.

5 이 규칙 목록을 자주 볼 수 있는 곳에 붙여두세요.

가정에서 지켜야 할 규칙이 어떤 종류이며 얼마나 많은지는 중요하지 않아요. 하지만 여러분이 이 규칙을 이해하고, 지킬 때와 지키지 않을 때 어떤 문제가 생기는지 아는 것이 중요해요. 만약 규칙 중에 이해가 잘 안 되거나 모호한 부분이 있다면 부모님과 함께 이야기를 나누어보세요. 분명하지 않은 규칙이 있다면, 그런 규칙은 따르기 어렵기 때문이지요.

90 균형! 균형을 유지하여라.

우리는 이 장에서 '범위 정하기'와 '한 번에 너무 많은 것을 하지 않기'에 대하여 이야기했어요. 여기서 핵심은 균형을 유지해야 한다는 것이지요.

하지만 말하는 것은 쉬울지 모르지만 실제로 행하는 것은 그렇게 쉽지 않습니다.

균형을 이루는 것은 자기 자신을 잘 돌보는 것으로부터 시작합니다. 자신 돌보기에 대해서는 '감성 코칭 15'를 참고하세요. 이 코칭에 나열되어 있는 것을 잘 실천하고 있는지, 그리고 충분한 잠과 휴식을 취하고 있는지 확인하세요.

'감성 코칭 15'의 방법들을 실행하는 것뿐만 아니라 자신의 정서적 자아의 재충전 방식을 이해하는 것도 중요합니다. 대부분 사람들은 두 가지 방식, 즉 혼자 또는 다른 사람들과 함께하면서 재충전을 합니다. 혼자 있으면 재충전이 되는 사람들은 내성적인 사람으로 오히려 많은 사람들 속에 오래 있으면 힘들어 하지요. 또한 이런 유형의 사람들은 혼자서 책을 읽거나 퍼즐을 맞추는 등 정적인 활동을 더 선호합니다(Sword, 2006b).

사회적인 관계를 통하여 재충전되는 사람들은 외향적인 유형으로, 정서적 활기를 되찾기 위해서 사람들과 이야기하며 함께 활동을 할 필요가 있어요. 이런 유형의 사람들은 단순히 가정에서 휴식을 취하기보다 자신의 하루를 누군가에게 이야기를 하면서 휴식을 취하는 편이지요. 오히려 이런 유형은 주변에 사람들이 없을 때 스트레스를 받을 수 있어요.

여러분도 자신만의 독특한 방법으로 심신을 재충전하듯 다른 사람들도 그렇답니다. 따라서 다른 사람들의 정서적 재충전 방식을 어느 정도 아는 것은 중요하죠. 이를 통해 다른 사람들의 마음과 행동을 이해하고 존중하게 됩니다.

나의 재충전법

아래 각 질문에 답하세요.

1 학교에서 바쁜 하루를 보내고 집에 돌아왔는데, 어머니가 어떻게 하루를 보냈는지 물어보시네요. 이럴 때 여러분은 어떻게 행동하나요?

a 가능하면 간단하게 대답을 하고, 어머니가 조용히 있어주기를 바란다.

b 하루 동안 있었던 일을 어머니께 신나게 이야기한다.

2 선생님이 그룹 프로젝트를 내줄 때, 여러분은 어떻게 반응하나요?

a 친구들과 프로젝트를 같이 하기 싫어서 선생님께 혼자 해도 되는지 묻는다.

b 그룹 프로젝트가 약간 걱정되긴 하지만 친구들과 아이디어를 서로 공유하기를 원한다.

3 새 학년이 시작되는 첫날입니다. 여러분은 어떻게 반응하나요?

a 적극적으로 참여하기 전에 친구들이 하는 것을 지켜보면서 새 교실에 적응하려고 한다.

b 맨 앞쪽에 앉아서 자신 있게 나를 소개한다.

4 여러 친구들과 함께 파티에 초대되었습니다. 여러분은 어떻게 행동하나요?

a 혼자 파티에 가는 것이 싫어서 함께 갈 친구를 찾는다.

b 파티에 가면 친구를 만나기 때문에 혼자 가든 여럿이 함께 가든 크게 신경 쓰지 않는다.

위 질문에 대부분 a라고 답을 했다면, 여러분은 내성적인 사람이고 심신의 재충전을 위해서는 혼자 있는 시간이 필요합니다. 반면 대부분 b라고 답을 했다면, 재충전을 위해서는 다른 사람들과 함께 하는 시간이 필요합니다. 어떤 학생들은 a나 b 모두 자신에게 해당되는 듯해서 어느 것을 답할지 고민스러울 수도 있어요. 이런 경우라면 다시 1번 질문으로 돌아가서 여러분에게 가장 자주 일어난 것에 답을 하면 됩니다. 이 질문들은 여러분 자신의 성향이 내성적인지 외향적인지를 판단할 수 있는 좋은 방법입니다.

91 무리하게 너무 많을 일을 하려고 하지 마라.

> 때때로 친구와 가족 사이에서 선택의 기로에 설 때가 있어요. 이런 경우 항상 우선순위는 가족이어야 합니다. – 앨리슨, 13세

여러분은 목표를 정했고, 자신의 할 일과 역할의 범위를 정하는 법을 배웠고, 그리고 다른 사람들의 요구와 그들의 일과 역할의 한계를 존중하는 것까지 배웠어요. 그리고 심신을 매일 재충전하고 자신을 소중히 여기는 방법에 대해서도 이제 알았어요. 그런데도 여전히 할 일이 많은 상태에 놓여 있다면 그 이유는 무엇일까요?

여러분이 세운 목표가 너무 많은 것은 아닌지 확인해야 할 시점입니다. 이때 하려고 하는 많은 중요한 일들 중에서 최선의 선택을 하는 법을 알아야 해요. 이것은 여러분이 하려고 하는 일이나 역할의 범위를 제한할 필요가 있다는 것을 의미하지요.

선택하지 않은 것이 흥미롭지 않거나 중요하지 않다는 뜻은 아닙니다. 흔히 일어나는 감정 폭발을 미리 막기 위해 너무 무리하게 많은 일을 벌이지 말아야 하는 이유를 영재인 여러분 모두는 조만간 알게 될 것입니다.

92 정중하게 거절하라.

많은 학생들이 부탁을 받았을 때 어떻게 거절해야 할지 어려워합니다. 거절하면 다른 사람들이 어떻게 생각할지 걱정되기 때문이겠죠. 또 어떤 경우에는 부탁을 들어줄 수 없어 거절하면 그 사람과 사이가 멀어질 것 같은 생각 때문에 그럴 수 있어요. 그리고 어떤 때는 현명하게 거절하는 법을 몰라 '아니오'라고 말하지 못하는 경우도 있지요.

다른 사람들이 부탁을 했을 때, 특히 그 부탁이 여러분이 하고 싶은 일이 아니거나 의무감을 느끼는 경우가 아니라면 정중하게 '아니오'라고 거절하는 데는 약간의 연습이 필요합니다. 먼저 자신의 상황에서 왜 거절해야 하는지 그 이유를 생각하세요. 즉, 또 다른 일을 할 만큼 에너지나 여유 시간이 없기 때문일 수 있어요. 여러분에게 부탁한 것에 대해 감사의 마음을 전하고, 그 부탁을 들어줄 수 없는 여러분의 현재 상황을 이야기합니다. 상대를 존중하고 정직하게 여러분의 입장을 전달하면, 그 사람은 거절당했다는 불쾌감을 느끼지는 않을 것입니다.

> 누가 나한테 부탁했을 때 'No'라고 말하는 것이 너무 싫어요. 그 사람이 내게 화를 낼 것 같은 느낌이 싫거든요. 이럴 때 좋게 'No'라고 거절하는 법을 알고 싶어요. – 다니엘, 10세

부모님들의 생각

부모님은 여러분이 많은 활동 속에서 힘들어 하는 것을 알고 있어요. 학교, 스포츠 활동, 방과후 활동 등 끝이 없지요. 그러나 여러분의 마음과 달리, 여러분이 그렇게 바쁜 이유의 일부가 부모님의 기대 때문이란 사실을 항상 알지 못하죠. 부모의 기대와 여러분이 힘들어 하는 일에 대한 부모님의 생각을 들어보면 그들을 이해하는 데 조금 도움이 될 것입니다.

- "살아가면서 다른 사람의 기대에 부응하려고 노력하는 것만큼 부담스러운 짐은 없다고 생각해요." – 캐스린
- "제 딸이 항상 최선을 다하기를 바라죠. 물론 어려운 과제에서조차도 말이지요. 그렇다고 너무 자신을 몰아붙이지 않았으면 해요." – 티아라
- "가끔씩 제 딸은 기대에 부응하지 않아도 되는 그냥 평범한 아이가 정말 되고 싶어 해요. 그런데 그런 대부분의 기대를 본인이 만들었다는 사실을 알지 못하니 안타깝네요." – 니콜
- "아이들에게 거절하는 법과 자신에게 지나친 짐이 될 수 있는 일을 제한하는 법을 가르치는 것이 가장 어려운 일이었어요. 여전히 우리 부부가 이것에 대해 잘 하고 있는지 모르겠네요." – 제임스

위의 생각에 대해 부모님과 함께 이야기할 시간을 가지세요. 여러분이 생각하는 것보다 부모님의 기대는 더 작다는 사실을 발견할 거예요.

여러 가지 일에서 균형을 잡는 것은 어려운 일입니다. 마찬가지로 자신의 기대뿐만 아니라 다른 사람들이 여러분에게 거는 기대를 균형 있게 잘 조절하기란 쉽지 않아요. 이 장에서 소개한 감성 코칭과 아래의 질문을 자

주 읽어보세요. 균형 잡힌 생활을 할수록 더 많은 일을 달성할 수 있게 되어 여러분이 느끼는 행복감은 더 높아질 것입니다.

여러분은 어떻게 생각하나요?

할 일과 역할에 대해 적절한 범위를 정하는 것과 기대에 대한 균형을 잡는 것은 영재인 여러분에게 어려운 것일 수 있어요. 여러분이 읽은 감성 코칭들을 되돌아보고 다음 질문에 답해보세요. 이 질문에 답을 하는 동안 기대와 범위를 정하는 것에 대한 통찰을 얻게 될 것입니다.

- 여러분 자신에 대해 솔직하게 답하세요. 가끔 너무 많은 일을 하고 있다고 생각하나요? 아니면 너무 적게 하고 있다고 생각하나요? 이것이 여러분에게 문제가 되나요?

- 매일 심신을 재충전하고 균형을 잡기 위해 여러분에게 필요한 것은 무엇인가요? 이때 가장 큰 장애물은 무엇인가요?

- 친구와 가족에 대해 할 일의 범위와 역할의 적정선을 유지하는 것은 쉬운 일이 아니지요. 여러분은 이런 범위를 정하고 유지하는 일을 잘 하고 있다고 생각하나요? 아니면 여러분에게 힘든 일인가요?

12 제발 나를 고치려하지 마세요.

부모님은 여러분에게 항상 조언을 하지요. 선생님은 무언가를 더 잘하는 방법을 끊임없이 가르쳐줍니다. 더구나 이 책조차도 여러분에게 무엇인가를 주려고 하네요. 여러분 주변의 모든 사람들이 마치 여러분이 영재로서 충분히 성장하지 못했다고 생각하는 듯 온갖 조언을 주려고 합니다.

적어도 여러분에게는 그렇게 보이겠죠.

하지만 조언은 결코 나쁜 것이 아닙니다. 조언을 받는다고 해서 조언을 하는 사람이 여러분을 부족하거나 잘못된 사람으로 생각한다는 뜻은 아니지요. 보통 조언은 친절의 행위이며, 다른 시각에서 생각해볼 수 있는 방향을 제시하는 것입니다. 따라서 조언을 하고 받는 현명한 자세와 방법을 배운다면, 집에서는 부모님과 형제자매 사이의 관계를 향상시킬 수 있으며 여러분 개인적으로는 성숙된 영재가 되는데 큰 도움이 될 것입니다.

> 엄마가 내 숙제를 확인하고 어떻게 하는지를 말할 때면 기분이 많이 상해요. 내가 무엇을 해야 하는지 알아요. 엄마가 그냥 나를 믿어줬으면 좋겠어요. – 비앙카, 14세

93 형제자매는 여러분과 한 팀이다.

> 여동생이 있어 제일 좋은 점은 서로 얘기할 상대가 있다는 거예요. 하지만 서로 의견이 달라 충돌하기도 해요. – 마린, 12세

가족들이 여러분을 어떻게 격려하고 지지하는지 앞에서도 여러 번 얘기했어요. 어떤 사람에게 가족이란 단순히 부모보다 더 많은 의미를 가지지요. 가족은 부모님, 형제자매, 조부모님, 고모, 삼촌, 사촌 등이 있지요. 다시 말해, 가족은 친척까지 포함합니다. 이런 가족은 친구와 다른 방식으로 여러분을 알고 있어요. 가족은 어떤 상황에서도 여러분의 이야기에 귀 기울여주고 응원하며 가장 큰 조력자가 되어 줍니다.

하지만 가족이 지지를 하는 존재가 아닐 때도 있어요. 특히 형제자매 사이의 관계에서는 더욱 그렇죠. 가끔 부모님의 사랑과 관심을 독차지하려 할 때 형제자매끼리 경쟁하게 되기도 하지요.

하지만 사실 형제자매는 종종 여러분에게 최고의 지원군이 되기도 합니다. 형제자매 사이에 경쟁의식이 생기는 것은 자연스러운 일입니다. 결국 형제자매가 여러분과 한 팀이라는 사실을 알고 있다면, 여러분에게 가장 좋은 동지는 바로 형제자매입니다.

94 부모님은 여러분의 협력자입니다.

형제자매나 친척들이 여러분의 응원부대라면, 부모님은 여러분의 최고 협력자입니다. 그들은 여러분이 올바르게 성장할 수 있도록 돕고 어려움을 헤쳐나갈 수 있도록 안내하지요. 또 여러분 삶의 파트너이자 든든한 지원군입니다.

다른 파트너 관계에서 힘든 시기가 있듯이 부모와의 사이에서도 종종 힘든 시기가 있습니다. 부모님이 제시하는 규칙의 의도나 조언의 깊은 뜻을 받아들이지 못할 때가 있지요. 또는 여러분의 성장을 꽉 막고 있는 것처럼 느껴질 때도 있어요. 그리고 또 다른 어떤 식으로든 부모님과의 관계가 힘들 때가 있을 거예요.

하지만 결국에는 부모님이 여러분의 최고 협력자입니다. 부모님이 주는 조언과 그들이 제시하는 규칙들의 여러 가지 의도를 어린 나이에 있는 여러분으로서는 모두 알 수는 없어요. 그러니 여러분을 인도하려는 방식에 대해 부모님께 감사하는 마음이 필요해요. 부모님의 충고가 여러분에게 잘 맞지 않는다면, 부모님과 함께 이야기 나누는 시간을 가지세요. 부모님께 질문도 하고, 함께 그 부분을 해결하려고 해보세요. 무엇보다도 부모님과 여러분 사이에 건강한 관계가 되기 위해서는 양방향 소통이 필요합니다.

부모님께서 나를 도우려는 사실을 안다면, 화를 낼 필요가 없지요. – 엘리나, 10세

95 실수를 했다고 세상이 끝난 건 아니다.

부모님과 다투는 이유 중의 하나는 여러분이 저지른 실수 때문이지요. 여러분은 가정에서 지켜야 할 규칙을 어기거나 어떤 활동을 하는 동안 실수를 합니다. 이렇게 실수했을 때 부모님은 여러분이 왜 그랬는지, 실수로 인해 어떤 일이 일어났는지 대화하고 싶어 하지요. 그러나 이러한 대화는 양쪽 모두의 마음을 다치게 할 수 있습니다.

부모님은 여러분이 어렸을 때 했던 많은 실수들을 알고 있어요. 그리고 부모님은 여러분이 실수를 하며 자란다는 것을 당연하다고 받아들이지요. 중요한 것은, 실수를 했다는 사실이 아니라 실수를 했을 때 대처하는 방식입니다.

혹시 앞에서 말했듯이 실수에 대해 책임전가를 하려거나 인정하지 않으려고 했던 적이 있었나요?, 실수에 대해 변명을 늘어놓은 적이 있었나요?, 자신의 행동에 대해 정당화하려고 소리를 높여 말한 적이 있었나요?, 책임을 회피한 적 있었나요?, 자신이 저지른 실수로부터 교훈을 얻은 적이 있었나요? 이러한 질문에 대한 답에 따라 반응은 달라질 것입니다.

실수로 인해 일이 꼬이거나 잘못된 결과를 얻더라도 세상이 끝나지 않습니다. 실수를 한다고 세상이 끝나는 것이 아니란 말이지요. 실수는 그저 실수일 뿐입니다. 실수를 통해 새로운 것을 배우고 도전할 수 있는 교훈의 기회로 삼아 보세요.

실수 대처법

1 먼저 실수를 인정하세요.

2 그리고 사과하세요. 혹은 여러분 때문에 그 실수가 생겼음을 인정하는 어떤 행동이나 말을 하세요.

3 왜 실수를 하게 되었는지 스스로에게 질문하세요. 잊은 부분(숙제를 적어두는 것과 같은)이 있거나 학교나 교실에서 지켜야 할 규칙에 대해 생각하지 못한 것이 있나요? 솔직하게 답해보세요.

4 같은 실수를 하지 않기 위해서는 계획을 세워야 합니다. 학교에서 무엇인가 잊었다면 이런 일이 일어나지 않도록 어떻게 대비할 수 있을까요?

5 만약 이번 실수로 인해 부수적인 문제가 생겼다면, 이 문제를 해결하기 위해 무엇을 해야 할까요? 예를 들어, 숙제를 잊어버리고 하지 않아서 수업을 잘 따라갈 수 없었다면 이러한 실수를 방지하기 위해 무엇을 해야 할까요?

사람들은 실수를 하며 살아갑니다. 실수는 실패가 아니라 배우고 성장할 수 있는 기회가 됩니다. 여러분이 저지른 실수로부터 배운 점을 생각해보는 시간을 가져보세요.

96 멍청해서 실수하는 것이 아니다.

실수하는 것은 아주 정상적인 일이죠.
– 에리카, 10세

영재는 실수를 저지르면 안 된다는 잘못된 믿음을 가지고 있지요. 그래서 여러분은 실수를 했을 때 이 사실을 숨기려 하지요. 하지만 이것은 옳지 않습니다. 과제를 하는 동안 또는 큰 프로젝트를 하는 동안 실수는 언제든지 일어날 수 있어요.

가끔씩 사람들은 생각 없이 행동을 할 때가 있습니다. 그리고 그럴 경우 잘못된 선택을 하기 마련이지요. 그러나 어떤 이유든지(여러분이 원하든 원하지 않든) 여러분이 저지른 실수로 인해 기대에 못 미친 결과를 얻더라도 여러분이 어리석다거나 나쁘다거나 혹은 치명적으로 어떤 잘못이 있다는 의미는 아닙니다.

앞의 '감성 코칭'에서 이야기한 것처럼 실수는 단지 실수일 뿐입니다. 실수할까 봐 스트레스를 받거나 잘못된 선택을 할까 봐 두려워한다면, 여러분은 발전할 수 있는 기회를 잃게 될 것입니다.

97 실수를 받아들여라.

'실수는 성장하는 과정에서 일어나는 당연한 일'이라는 의미는 실수 그 자체나 실수로 인한 결과를 그냥 넘어가도 좋다는 의미는 아닙니다. 앞에서 이야기한 것처럼 대부분의 실수는 잘못된 선택을 했거나 잘못된 행동을 했기 때문에 발생하는 것입니다. 어떤 실수라도 거짓말을 하는 것은 부모님과 여러분 사이를 나빠지게 만들지요. 이것이 실수보다 더 큰 문제를 야기합니다.

실수한 것에 대해 거짓말을 하거나 책임전가를 하려는 이유가 있을 것입니다. 여러분이 한 선택과 행동에 대해 책임을 피하고 싶겠지요. 부모님, 선생님, 친구의 따가운 눈초리를 받아야 한다는 생각에 미리 겁을 먹겠지요. 어쩌면 내가 한 실수로 인해 부모님과 나 사이의 신뢰에 금이 간다고 생각하거나 여러분을 더 이상 사랑하지 않을 것이라 생각할지도 몰라요. 실수로 인해 벌어지는 결과가 당연히 두렵지요.

> 내가 저지른 실수를 받아들이려고 정말 애쓰지요. 하지만 이런 행동을 할 때 내가 영재가 맞나? 영재가 아닌 것 같다는 생각이 들어요. 내가 완벽하지 않다는 그 느낌이 정말 싫어요.
>
> -제인, 12세

여러분에게 하고 싶은 이야기는 실수가 여러분을 평가하는 잣대가 되지 않는다는 것입니다. 실수보다 오히려 실수가 일어난 후 여러분이 어떻게 대처하고 반응하는지가 여러분을 제대로 평가할 수 있는 잣대가 될 것입니다.

따라서 실수를 나의 잘못으로 받아들이고 인정하세요. 실수에 대해 책임진다는 자세가 중요합니다. 당연히 어려운 일입니다. 특히 혼자 한 실수가 아닌 경우에는 여러분의 뛰어난 말솜씨로 핑계를 대며 상황을 모면하고 싶은 충동이 생길 거예요. 또 이것은 자신의 잘못으로 일어난 일이 아니라고 이야기를 하거나 또는 실수는 했지만 결과는 나쁘지 않을 것이라는 말로 자기 합리화를 할 수도 있지요. 여러분은 그렇게 하지 않기를 바랍니다. 계속 말하지만 실수를 인정한다는 것은 실수로부터 교훈을 얻을 수 있어 성장의 기회가 되며 앞으로 같은 실수를 반복하지 않도록 하는 채찍질이 되는 것입니다.

98 실수에서 회복하라.

실수를 다루는 마지막 단계는 회복하는 것입니다. 이것은 앞에서 이야기한 것처럼 실수를 인정하는 것뿐만 아니라 실수로 인한 잘못된 결과까지도 받아들이는 것입니다.

예를 들어, 시험 도중에 잘 모르는 문제가 생겨 다른 친구의 시험지를 보다가 선생님께 들켰다고 가정해봅시다. 이때 제일 먼저 여러분이 해야 할 일은 자신이 한 행동에 대해 인정하는 것입니다. 그리고 실수에서 자신을 회복할 수 있는 방법을 찾아야 하지요. 학교에서는 친구의 시험지를 본 행동에 대해 잘못했다고 선생님께 사죄를 드려야 합니다. 그리고 집에 돌아와서는 부모님께도 적당한 방법으로 자신의 잘못을 말씀드려야 하지요.

이와 같이 실수에 대해 자신을 회복시킬 수 있는 법을 찾아 행동으로 옮기세요. 부모님이나 잘못한 사람에게 사과를 하고 이야기를 나누세요. 그리고 어떻게 잘못된 결과를 바로 잡을 것인지 생각해보세요.

혼자 힘으로 문제를 수습하지 못할 경우도 있습니다. 상대방에게 육체적으로나 정신적으로 큰 상처를 주었을 때는 특히 그렇지요. 하지만 실수를 만회할 수 있는 방법은 반드시 있으니 이런 경우 혼자서 감당하지 말고 부모님과 상의를 하세요.

실수 회복법

1 먼저 여러분이 잘못한 사람에게 실수를 인정합니다.

2 그 사람에게 실수를 "회복"할 수 있는 방법이 있는지 물어보세요.

3 만약 방법을 이야기해준다면 빠르게 행동으로 옮기세요.

4 앞으로 같은 실수를 피하기 위한 계획을 세우세요.

5 그 계획을 실행하세요. 자신이 저지른 실수로 여러분 자신을 평가하려고 하지 마세요. 여전히 여러분은 영재랍니다.

실수, 실수를 인정하는 것, 그리고 실수를 만회하는 과정에서 여러분 자신의 가치를 평가 절하하는 마음이 생겨 힘들 수도 있습니다. 하지만 모든 사람은 누구나 실수를 한다는 사실을 기억하세요. 자신의 실수를 인정하고 만회하려는 자세는 오히려 책임감을 가지고 이 실수로부터 교훈을 얻으려는 의지를 보여주는 최고의 방법입니다.

99 화해하려고 노력해라.

화해는 상대방에게 잘못을 한 후 관계 개선을 위해 마지막으로 하는 일입니다. 화해는 실수와 실수의 회복 후에 일어나며 사과의 과정을 거쳐 그 실수에 대해 용서를 구하는 일입니다.

비록 이 과정이 단순해보이지만 끝이 없을 수도 있습니다. 다시 말해, 여러분이 사과를 했어도 반드시 용서를 받지 못할 수 있다는 것입니다. 용서는 상대방의 몫이지요. 상대방의 선택에 따라 화해할 수도 있고, 그렇지 않을 수도 있습니다. 여러분의 몫은 자신이 저지른 잘못에 대해 인정하고 그것에 대해 사과하며 다시는 그런 실수를 하지 않도록 하는 것입니다. 따라서 상대방과 원만한 화해가 될 수 있도록 어떻게 여러분의 잘못을 드러내고 이것을 해결할 것인지를 고민해야 하지요.

영재성을 가진 여러분에게 이것은 참 힘든 일일 수 있습니다. 이 과정에서 죄책감도 많이 느낄 것입니다. 또 상대방이 여러분의 사과를 받아주지 않는다면 실수로부터 자신을 회복할 수 있는 방법도 떠오르지 않을 것입니다. 용서를 구하기 위해 많은 에너지를 쏟을 수도 있겠지요.

> 친구가 나의 사과를 받아주지 않아 힘든 시간을 보낸 적 있어요. 그때를 생각하면 참 끔찍해요. 진심으로 용서를 구했음에도 상대방이 용서하지 않더라도 너무 자책하지 마세요.
>
> – 에리카, 9세

다양한 노력에도 불구하고 화

해가 되지 않을 때에는 더 낙심하기 전에 다음을 기억하세요. 용서를 구하는 것이 여러분의 몫이었다면 용서하는 것은 상대방의 몫이라는 것!

따라서 만약 용서를 여러 번 구했지만 상대가 여러분을 받아들이지 않는다면 그것을 그만해도 좋아요. 그리고 잊어버리고 여러분이 해야 할 일에 몰두하세요. 잘못한 부분을 인정하고 진정한 사과를 하며 다시는 그런 잘못을 하지 않도록 노력하세요. 이 상황에서 여러분이 할 수 있는 것의 전부가 이것입니다. 용서하지 않는 사람에게 용서를 받으려 노력하는 동안 여러분이 형편없는 사람이라는 자괴감에 빠지지 마세요. 이럴 경우 그냥 흘려보내는 것도 좋은 방법임을 배우기 바랍니다.

100 누구도 혼자가 아니다.

여러분은 종종 혼자라는 생각에 외로움을 느낄 것입니다. 영재이기에 항상 여러분과 시간을 함께 하려고 하는 사람은 많지 않을 것입니다. 또 상대방은 여러분을 자신과는 다른 존재라고 생각하겠지요. 여러분 스스로도 자신은 특별하다고 생각할 수 있어요. 나 역시 여러분은 특별하다고 믿어요. 하지만 특별하다는 것이 혼자여야 한다는 것을 의미하지는 않습니다.

혼자인 것처럼 느낄 때가 있어도 어느 누구도 결코 혼자인 적은 없습니다. 생각해보세요. 여러분이 스스로 많은 것을 혼자서 해내는 것 같지만 주변에 여러분을 응원하고 지지하며 도움이 필요할 때 언제든 도움을 주는 사람이 있었어요. 하지만 힘든 상황에 있을 때, 의지할 수 있는 사람을 여러분이 기억하지 못한다는 것이 문제입니다. 결론적으로 주변에는 여러분을 도와줄 사람이 있지만 혼자라는 생각에 외롭고 힘든 것이지요.

도움이 필요할 때 잠시 주변의 사람을 생각해보세요. 가족, 친구, 선생님 등등. 그리고 다음 칸에 그 내용을 정리해보세요. 혼자가 아닌 여러분을 만나는데 도움이 될 것입니다.

나를 응원하는 사람들

1. 다음 빈 공간에 작은 원을 하나 그리세요. 원 안에 여러분의 이름을 적어보세요.
2. 그린 원의 주변에 큰 원을 하나 더 그리고, 여러분을 응원하는 가족의 이름을 적으세요.
3. 다른 원을 하나 더 그려요. 그 속에는 여러분의 친척 이름을 적습니다. 친척에는 삼촌, 고모, 할머니, 할아버지 등이 있습니다.
4. 또 다른 원을 그려 친구나 선생님 중에서 여러분에게 도움을 주는 사람의 이름을 적어보세요.
5. 그린 원과 나 사이의 관계도를 꾸미는 것도 의미가 있습니다.

여러분에게 도움을 주는 사람들의 명단을 잘 보관하세요. 시간이 지나면 이 다이어그램을 수정하고 싶은 시점이 올 것입니다. 그때 다시 수정해도 좋습니다. 여러분이 도움이 필요할 때 이 명단을 보는 것만으로도 힘이 날 것입니다.

101 힘들 때는 서로 기대라.

사람은 사회적 동물입니다. 비록 여러분이 혼자 힘으로 많은 것을 할 수 있다 하더라도 여전히 삶 속에서 여러분을 돕는 사람은 필요합니다. 앞 장에서 여러분을 격려하는 사람을 살펴보았습니다. 그리고 그들의 응원이 왜 필요하며 왜 중요한지도 함께 이야기했습니다. 그러나 여러분이 힘들 때 정작 그들의 도움을 받을 생각을 하지 않는다면 아무 소용없는 일이지요.

어쩌면 여러분은 당연히 자신의 일은 스스로 해야 한다고 배웠을지 모릅니다. 또는 여러분의 친구나 부모님께 도움을 받는 것이 자존심 상하는 일로 생각할 수도 있어요.

이런 생각은 여러분을 더 힘들게 합니다. 여러분은 많은 재능을 가진 존재랍니다. 하지만 사람은 누구나 함께 어울려 살면서 도움을 주고받아요. 여러분의 도움이 필요한 사람에게 손을 내밀어 주세요. 그리고 힘들 때 기댈 수 있는 가족과 친구가 있다는 사실을 기억하세요. 여러분을 응원하는 사람들이 있다는 것을 알게 되면 인생이라는 긴 여행을 행복하고 편하게 할 수 있을 것입니다.

> 우리 가족은 스트레스를 서로 쉽게 헤쳐나가요.
> – 노나, 9세

부모님들의 생각

부모님은 가족을 소중하게 생각합니다. 그리고 이 소중한 관계를 자녀들도 알기를 바라지요. 다음의 글을 읽고 느낀 점을 부모님과 이야기해보세요. 부모님들의 생각에 대해 새로운 사실을 알게 될 겁니다.

- "큰 애는 자신이 바보라고 생각하는 몇 안 되는 사람 중에 한 명이죠." – 죠
- "어릴 때부터 친하게 지내는 친구가 있어요. 친구가 있다는 것이 기쁨이지요." – 제니퍼
- "제 딸은 자신에 대해 엄격한 편이에요. 그래서 아이가 조금 느긋해질 필요가 있다고 생각해요. 그렇게 될 수 있도록 돕는 게 나의 일이라고 생각해요." – 리엔
- "우리 아이들은 결정적인 순간에 제가 그들의 전폭적인 지지자가 된다는 것을 알고 있어요. 물론 가끔 사소한 일로 저를 힘들게 할 때도 있지만 그 감정이 오래 가진 않아요." – 크리스틴

어떤 누구도 가족만큼 여러분을 진정으로 이해하는 사람은 없습니다. 비록 가정 내에서 작은 갈등이 생기기도 하지만 서로 존중하고 아끼는 법을 배운다면 이 소중한 가족 관계를 유지할 수 있습니다.

가족의 일원으로 속해 있다는 것을 경험하지 못하는 친구도 있어요. 다음 질문에 대해 답을 해봅시다. 답을 하는 동안 여러분들은 가족의 참모습을 만날 수 있을 것입니다.

여러분은 어떻게 생각하나요?

여러분이 가족에게 느끼는 감정은 다른 친구들도 비슷하게 느끼고 있습니다. 다음 질문들에 대해 생각해보세요.

- 여러분은 어떻게 가족의 일원이 되었나요? 또 지금 친하게 지내는 친구와 어떻게 친구가 되었나요? 여러분과 관계가 있는 어른 세 명이 있나요? 그들은 누구인가요?

- 여러분이 누군가에게 상처를 주었을 때, 어떻게 사과를 했나요?

- 만약 친구가 그의 가족과의 관계에서 힘들어 한다면 여러분은 그 친구에게 어떤 말을 해주고 싶나요?

도움 자료

영재 관련 웹사이트

다음 웹사이트에는 영재와 관련된 다양한 정보와 영재 관련 최신 연구물이 제공되어 있습니다. 다음 웹사이트를 방문해보세요.

1. **The National Association for Gifted Children**
   (http://www.nagc.org): 영재에 관한 최근 연구물이 소개되어 있는 사이트
2. **Supporting Emotional Needs of the Gifted**
   (http://www.sengifted.org): 영재의 정서적 요구와 사회적 필요에 관련된 연구물이 있으며 부모에게 제공되는 다양한 자료가 있는 사이트
3. **Davidson Institute for Talent Development**
   (http://www.davidsongifted.org): 영재와 관련된 연구물이 소개된 사이트
4. **Hoagies' Gifted Education**
   (http://www.hoagiesgifted.org): 영재에 관한 정보가 담긴 Hoagie의 홈페이지로 부모와 학생이 이용할 수 있도록 링크 자료가 소개된 사이트

영재 관련 책

영재로 성장하는 것은 늘 도전받는 일입니다. 극단적인 감정, 불안, 완벽주의를 다룰 수 있는 부가적인 내용을 제공하는 책을 소개합니다.

1. Smart Teens' Guide to Living with Intensity; How to Get More out of Life and Learning by Lisa Rivero (Great Potential Press, 2010): 10대 청소년의 삶을 슬기롭게 살아갈 수 있는 방법을 제시한 책
2. Anxiety-Free Kids: An Interactive Guide for Parents and Children by Bonnie Zucker (Prufrock Press, 2008): 어린이와 부모님이 불안을 해소할 수 있도록 안내한 책
3. When Gifted Kids Don't have All the Answers: How to Meet Their Social and Emotional Needs by James R. Delisle and Judy Galbraith (Frcc Spirit Publishing, 2002): 어린이가 교실 속에서 만나는 다양한 문제를 해결할 수 있도록 안내한 책
4. What to Do When Good Isn't Good Enough: The Real Deal on Perfectionism: A Guide for Kids by Thomas S. Greenspon (Free Spirit Publishing, 2007): 어린 학생을 위한 실제적인 전략을 제공하는 책
5. Calming the Family Storm: Anger Management for Moms, Dads, and All the Kids by Gray D. McKay and Steven A. Maybell (Impact Publishers, 2004): 가족 구성원 사이의 분노를 다루는 기술을 담은 책
6. Stick Up for Yourself: Every Kid's Guide to Personal Power and Positive Self-Esteem by Gershen Kaufman, Lev Paphael, and Pamela Espeland (Free Spirit Publishing, 1999): 어린이의 자아존중감을 키울 수 있도록 안내한 책

참고 문헌

Banner, V. (2008). *5 amazing breakthroughs discovered by accident.* Retrieved from http://www.qualityhealth.com/health-lifestyle-articles/5-amaxing-breakthroughs-discovered-accident

Cassady, J. C. (2004). The impact of cognitive test anxiety on text comprehension and recall in the absence of external evaluative pressure. *Applied Cognitive Psychology*, *18*, 311-325.

Cassady, J. C., & Johnson, R. E. (2002). Cognitive test anxiety and academic performance. *Contemporary Educational Psychology*, *27*(2), 270-295.

Coloroso, B. (2009). *The bully, the bullied, and the bystander.* New York, NY: Harper Collins.

HowStuffWorks. (2007). *9 things invented or disovered by accident.* Retrieved from http://science.howstuffworks.com/innovation/9-things-invented-or-discovered-by-accident.htm

National Association for Gifted Children. (2010). *Redefining giftedness for a newcentury: Shifting the paradigm*. Retrieved from http://www.nagc.org/index.aspx?id=6404

Silverman, L. K. (1989). Invisible gifts, invisible handicaps. *Roeper Review*,

12, 37-42.

Sword, L. (2006a). *Psycho-social needs: Understanding the emotional, intellectual and social uniqueness of growing up gifte*. Retrieved from http://talentdevelop.com/articles/PsychosocNeeds.html

Sword, L. (2006b). *The gifted introvert*. Retrieved from http://telentdevelop.com/articles/GiftIntrov.html

Webb, J. T., Gore, J. L., Amend, E. R., & DeVries, A. R. (2007). *A parent's guide to gifted children*. Scottsdale, AZ: Great Potential Press.

지은이에 대해

크리스틴 폰세카(Christine Fonseca)는 10년 이상 교육 분야에서 일해 왔습니다. 작가는 학교에서 상담심리학자로서 경험을 바탕으로 교사와 부모가 영재 학생의 사회적 감정의 필요를 이해할 수 있도록 책을 집필하였습니다. 상담학과 석사 학위를 받았으며 학교 상담심리사, 강사, 학부모 코치, 트레이너, 컨설턴트로 활약하고 있습니다. 현재 가족들이 살고 있는 캘리포니아 남부 지역에서 학부모 및 교사 교육을 하고 있습니다. 최근 영재 학생의 극단적인 감정, *Emotional Intensity in Gifted Students* (Prufrock Press, 2010)이라는 책을 집필했습니다.

이 외에도 십대 청소년을 위한 소설도 집필하고 있는데, 청소년 시기의 질풍노도인 감정을 잘 다루는 것이 중요하다고 생각하기 때문이라고 합니다. 가족들이 함께 있는 시간 외에는 좋아하는 카페에서 책을 쓰면서 시간 보내기를 좋아합니다. 저자에 대해 더 알고 싶다면 다음 주소를 방문하세요.

http://www.christinefonseca.com

101 영재 감성 코칭

지은이 크리스틴 폰세카
옮긴이 강영란·조정수
펴낸이 조경희
펴낸곳 경문사
펴낸날 2017년 3월 10일 1판 1쇄
등 록 1979년 11월 9일 제 313-1979-23호
주 소 04057, 서울특별시 마포구 와우산로 174
전 화 (02)332-2004 팩스 (02)336-5193
이메일 kyungmoon@kyungmoon.com
facebook facebook.com/kyungmoonsa

값 12,000원

ISBN 978-89-6105-727-1

★ 경문사 홈페이지에 오시면 즐거운 일이 생깁니다.
http://www.kyungmoon.com

한국과학기술출판협회 회원사